我希望你能获得长久的爱。

如何让你爱的人爱上你 ❸

每个人都能创造亲密且持久的爱情

[美] **莉尔·朗兹**（Leil Lowndes） 著

张淼 译

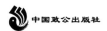
中国致公出版社

 # Contents

目录

点燃爱情的火花

在网络社交中寻觅爱情

Chapter 5　如何让他对你一见倾心

Chapter 6　约会时的小心机

Chapter 7　被忽视的爱与性

Chapter 8　维系长期的亲密关系

Chapter 9　愿你坠入爱河,嫁给爱情

♀♂ Chapter 10 爱情保鲜的秘诀

♀♂ Prologue
序言

爱，这个词像一个疯狂、苍白、模糊的影子。在许多年里，甚至一辈子，我们都渴望得到它。如果幸运的话，我们能得到它，并祈祷它能持续存在。但如果情况并非如此，我们就会一次又一次地寻找它。

面对现实吧，我们上瘾了！

丘比特之箭中含有一些神经递质，它们作用于我们的大脑，迫使我们以自己都无法理解的方式行动。当你读完这本书后，你就会明白。你将会以一种与众不同的视角来看待爱，并且你将能够与你选择的男人或女人产生浪漫的爱情。

你也会发现，在亲密关系的不同阶段以及你的一生中，你如何产生不同的物质以及为什么。最终，你将学会创造出亲密的化学物质，这样你们就能"幸福快乐地生活在一起"，而不是"等离婚将我们分开"。你的新知识不会把丘比特赶走，而是会让他永远留在你的生活中。

我刚刚经历了什么？

你已经感觉到了：你的心脏仿佛小鹿乱撞，你口干舌燥，手心不停地冒汗，说话磕巴。"你好"成了你最难说出口的一个词。

当你的生命体征恢复正常，表面看来开始变得理智，你就会焦虑地问自己，刚刚遇到的这个人是否对你产生了同样的爱情反应。对于没有希望的单相思，人们认为除了生闷气、咒骂、哭泣或发脾气之外，他们束手无策。你很快就会知道，他们是错的。

为什么这个特别的人像一阵龙卷风一样席卷了你，而其他人第一眼看到他，会觉得他平淡无奇？这是因为在你的大脑深处有一种能力，可以立即对一个人做出评价。[1] 这种能力来源于漫长进化过程中形成的反应，可以追溯到在一个事关生死的瞬间做出"战斗还是逃跑"的决定。

几个世纪以来，我们这种水晶球般的能力随着人类一起进化。就像 DNA 专家通过检测一小块脚指甲就可以了解这个人的很多信息，人类已经形成了一种令人难以置信的潜意识能力。这种能力可以感知到和某人在一起是否有趣，是否能满足自己的需求，以及是否符合自己愿望清单上数以百万计的其他特质。

很多时候你都在为爱情搭建舞台，等着理想的伴侣登上舞台。从你出生到拿起这本书之间的经历，决定了你可能会爱上哪种人。你拥有一幅"爱情地图"，带有你独特的个性，可以具体到相貌、个性、智力、抱负、幽默感等诸多细节。[2]

"人际神经生物学"是一个崭新的科学领域,这个领域的研究发现显示大脑是如何在你与他人交往的过程中不断发生改变的。[3] 即使和一个你再也不想见到的人进行短暂的调情,也会永远改变你的爱情地图。

这幅爱情地图大部分在你 5 岁之前就绘制完成了。[4] 如果你非常幸运,身边充满你爱的人和爱你的人,主要是你的亲戚,他们与你的亲近程度形成一种倾向,你更容易与某个可能拥有类似基因的人,或儿时陪在你身边的那种类型的异性产生爱情反应。你有没有注意到有很多夫妻长得很像?[5]

影响这幅爱情地图的因素,从几毫秒前追溯到几百万年前。[6] 更复杂的是,你每次调取记忆时,其实都在重组它们。

爱情反应发生得有多快?

需要多长时间会产生爱情反应?让我们将这种速度与 20 世纪 50 年代电影院里出现的关于潜意识广告的大骚动比较一下。聪明的美国广告公司在电影播放过程中让大银幕上闪现"饿了吗?""买桶爆米花吧!"这样的短句,以及诸如"立顿茶"这样的产品名称,出现的时间不到千分之一秒。这些信息闪现的速度太快,观众很难看清楚。事实上,在电影结束后,观众说他们什么也没看到。但在插播广告的几天里,电影院卖出的爆米花比平时多得多!

在观众不知情的情况下,银幕上闪现的那些无法看清的语句不仅会让他们感到饥饿或口渴，还会让他们想要购买某个品牌的商品。

以前，看电影的人购买茶饮时不会认准某个品牌，但观看广告后，他们明确要点立顿牌的茶。神经成像显示你在五分之一秒内就能感觉到那种信息"火花"，对此你感到惊讶吗？[7]

时机会有影响吗？

毫无疑问。这可能与你们相遇时的其他情况有关。也许当时他爱的是别人，也许她刚刚失去了一位爱人。你可能发现自己正在与一位聪明、体贴、迷人、感性的单身男士交谈，你想他可能是你的完美伴侣。这位优秀的男士立刻打动了你，但另一位女士面对他却忍住不打哈欠。或者他正看向你的身后，想找一个他更愿意交谈的人。

你感到心脏在疯狂地跳动，你在心里尖叫着问自己："我是怎么了？"什么问题也没有。有成千上万的其他因素，比如他的情感、身体、个人或职业方面的状况可能让他无法接纳你。而如果你们在另一个时间、另一个地方相遇，那里的磁场或许会让你们想要投入对方的怀抱，永远在一起。不仅如此，对女性来说，在一个月里的那天遇到对方也会对爱情反应产生影响[8]（稍后我会详细介绍）。是的，时机很重要。

我的大脑里发生了什么？

在你遇到这个特别的人之前，你脑袋里的一千亿个神经细胞，处于认知科学的"静息电位"。当然，它们并不是真的在休息。这些相对不活跃的神经细胞相互传递着关于天气、无聊的聚会、不好吃的零食以及其他一些信息。

然后"哇哦"！当你在拥挤的房间、酒吧、公交车站、麦当劳或其他某个地方看到这个特别的人时，你的神经细胞就疯狂了！它们歇斯底里地给大脑其他区域的神经细胞发送信号，它们跨过名为突触的小河，告诉其他神经细胞这个令人激动的消息。这就是神经学家所说的"动作电位"！

实际上，本书第一部分介绍的所有技巧是在告诉你如何让某人产生神经反应，让他获得令自己感觉良好的物质（主要指多巴胺），它们涌入大脑的一个区域，也就是大脑的快乐或奖励中心。这种反应会产生令人难以置信的效果，你的目标人物会非常兴奋，对你产生特别的感觉。[9]

谁发现了我们产生爱情反应的原因？

当你阅读这本书的时候，神经科学家们正在开辟新的研究领域，追踪大脑中千亿个连接在一起的神经细胞群。显然，他们不是为了研究浪漫。这些专业先驱者有更重要的目标，那就是拯救生命和保护人类身心健康。不过，他们的非凡贡献令追求爱的人受益匪浅。现在我们明白了，当你们相遇时，身体会释放一些爱情物质浸润他的大脑或进入他的身体，在某种程度上，我们也可以影响这些爱情物质的产生。

让我们把这个人称为你的"猎物"，而你是心灵的"猎人"。

我们不仅要感谢认知研究人员解开了浪漫爱情反应的奥秘，也要向进化生物学家和心理学家致敬，因为他们进一步探索了为什么我们在亲密关系中做出如此突然，有时甚至令人困惑的选择。这些领域能解答为什么我们的神经细胞在遇到某个人后会发狂，相比之下，却难以抬起昏昏欲睡的脑袋去注视另一个人。

我以为爱情反应要么发生了，要么就不会发生

大多数人都会同意你的观点。当然，有时，无论你说什么或做什么，某些决定你们之间爱情反应的因素都不会发生改变，例如你不能改变自己或潜在伴侣的长相、身体、基因型、表现型或 DNA。此外，当你准备好爱和性的时候，你们的头脑中已经印刻有成千上万关于痛苦或快乐的无意识联想：他的继父是如何对待他的；幼儿园的同学如何对待她；他以前爱过的人；她讨厌的人。一旦你出现在潜在伴侣的视线中，过去的记忆，比如与他有过亲密关系的人，他们之间的关系如何，以及为什么会在一起或分开，都会激活他以往的神经活动。

你会想："噢，如果事情这么复杂，那我不可能让他对我产生爱情反应吧。"当然，人们曾经认为，"世界是平面的""较重的物体比轻的物体下落得更快"，以及"所有的行星都围绕着地球转动"。后来，科学家们已经把这三个仿佛神话般的理论扔进

了垃圾桶。

最重要的一个事实是，某些刺激可以引起爱情反应，而你可以影响其中多种刺激。

不过，在我们开始之前，我确实想澄清一件事：你不可能100%控制一个人对你产生的爱情反应，因为对方有着独特的经历、大脑结构以及其他影响因素。但这只是一方面。大自然母亲在爱情中也扮演着非常重要的角色。你要学习如何在一段亲密关系开始时，与大自然合作，从而赢得对方的心。你将学会如何摆脱那些破坏夫妻关系、长久爱情的因素。

你们很幸运，因为你们是第一代从认知科学和"发展进化"这个新领域的新发现中获益的。了解人的大脑结构以及它是如何发展的，你将不再仅仅是大自然母亲游戏中的一颗棋子。从某种程度上来说，你可以让你选择的伴侣产生某种爱的情感。稍微阅读一下书中关于神经科学和进化心理学的新发现，你将进一步理解为什么以及如何创造爱情反应，并将其转变为持久的爱情。

爱情的前提

首先某人让我们分泌爱的激素，然后才会产生激情，激情继而发展为爱，然后才会做出承诺。

承诺会带来满足、孩子、陪伴，以及生活中许多令人快乐的事物。

你是怎么想的？你认为感觉到爱情，然后坠入爱河是一个决定吗？是一种命运吗？还是一个选择？有人说，你决定坠入爱河。当然，这就像屏住呼吸或者珍惜你的孩子一样简单。也有人说，这是命运。好吧，搬到南极洲的一个小岛，然后等待你命中注定的那个人出现。很多人认为这是一种选择。当然，就像选择不吃、不喝、不睡觉一样。

神经学家已经证明这完全是另一回事。这是一种关于神经细胞、神经递质、荷尔蒙、受体和大脑回路变化的状态。[10]他们对"恋爱"的定义是："大脑回路中的活动增强导致极度的愉悦感、强烈的动机和高能量，而这些变化会导致失眠、食欲不振和对所爱之人的强迫性思念。"[11]

这听起来不太有趣！这个定义把这一切都归为一种产生化学物质并涌入头皮下的灰色海绵组织。多么简单直白的一种解释，没人想听这些，我更不想。

当人类刚开始探索太阳时，有些人担心上帝会被抛弃。同样，现在有些人担心，如果我们发现爱情仅仅是一种"状态"，就会认为它不那么神奇。完全不会！理解什么是爱只会让我们在选择伴侣时更明智，同时教会我们如何保持爱的活力。

并且，谁说把爱形容为一种状态就是粗暴的，把它形容为一个激励系统就不会觉得它很神奇？起码我们知道它是什么。它是爱，是人类所知的最美好的幸福，在人类的体验中是无与伦比的。不考虑怀疑论者的观点，爱真的可以持续一生，而且会变得越来越美好。[12]

前提是，你要认识控制它的强大的神经、化学和进化力量。

为什么会发生这种爱情反应？

　　这真的重要吗？你们两人相爱了，生活将会完全不同。你已经找到了你的"真命天子"——那个你知道一定会出现的人。早期的爱情是亲密关系中最令人兴奋、最非凡、最富激情和最令人难忘的部分。你的大脑中充满了令人陶醉的化学物质，比如多巴胺、血清素以及初期的催产素和加压素。当荷尔蒙处于最高水平，睾酮和雌激素的分泌几乎无法控制。你和你的爱人想要紧紧地拥抱在一起，永不分离。"这是愉快、美好、快乐、令人极度兴奋的。"大自然母亲催促着，"释放自己的情感吧！"这段时期是最美好的，至少在持久的美好爱情出现之前是这样。

　　于是你解开了缆绳，坐在爱情的小船上顺其自然地漂流。真爱的道路从来不是平坦的，对吗？有时似乎是这样。通常，当你开始一段恋情时，你会认为一切都在你的掌控中。当你第一次踏上这艘爱情小船时，它就像是在一个阳光明媚的早晨停泊在平静海面上的一艘帆船。一切都是美好的，一切都很好。你正在驶向幸福的彼岸。一阵风掠过海面，你不由自主地唱起歌来。然后风变得更大，这让你更加兴奋，你一边调整船帆，一边忍不住大笑。

　　这条船有些颠簸，但你要有信心，它会带你驶向幸福。

　　突然间，风向变了，你担心自己可能会偏离航线。发生了什么？到底是哪里出错了？暴风雨让你不顾一切地想要回到正轨。你的心跳更快了。但每次你以为自己已经重新控制了航向，更大的风暴就降临了。

空气中有一种令人感到不舒服的寒意，翻腾的海浪令你头晕目眩。天上的乌云快速逼近，雨点哗哗地落下。船舶稳定器坏了，在倾盆大雨中，你拼尽全力想让船漂浮在海面上。很快，黑暗包围了你，你无助地被颠来颠去。你被困在完美的暴风雨中。你的爱情之舟会抵达"从此幸福快乐"的彼岸吗？还是因此沉入海底？这取决于你自己以及如何运用你的新智慧。

你是爱情大师还是爱的奴隶？

如果我们在爱情方面都能像一位意大利游轮船长那样睿智和专业就好了，接下来我会为你介绍这位船长。

曾有人请乔治·阿科尔内罗（Giorgio Accornero）船长指挥一艘载重15万吨的油轮，他拒绝了。船主吃惊地问："你为什么会拒绝呢？从来没有哪位船长拒绝过我的邀请。成为这样一艘大船的船长，大家都倍感荣幸。"

阿科尔内罗船长回答说："先生，因为我想掌控这艘船，而不想被它掌控。"

问题是大多数人都让爱情之舟掌控了自己，而不是掌控了爱情之舟。掌控亲密关系的唯一方法就是承认——爱具有魔力，但它也确实是一种状态，一种想让我们永远保持幸福的状态。

就像知道如何人工降雨、饲养动物和培育植物就会发现世界的神奇，了解关于创造和培养爱情反应的智慧也会发现世界的奇妙之处。事实上，了解关于爱的知识会赋予你一种能力，让你们的关系更稳固、更持久。

在爱情方面，我们为何如此天真？

除了维持生命必需的东西，比如空气、水，我想不出还有什么比爱更重要，爱是从出生直到我们离开这个世界都需要的。但是，我感到震惊，人们对这种我们在音乐、电影和诗歌中所崇拜的细腻情感竟知之甚少，更不用说有多少实践经验了。我们为它而生，有些人为它而死。在一首歌中，布拉德·派斯里（Brad Paisley）和凯莉·安德伍德（Carrie Underwood）唱道："噢，爱，你就是最简单的真理。你也是最大的谜。"曾经，爱一直是如此。然而，令人高兴的是，现在爱不再是一个谜了，我们正一天天越来越了解它。

几个世纪以来，哲学家、精神病学家等都在绞尽脑汁地提出假设，喋喋不休地谈论这种现象。

赫胥黎在 20 世纪初写道："我们所有的经历都以某种方式受到化学因素的制约。"[13] 在那个时代，由于出现了望远镜等工具，科学家们可以探索外太空。但我们对自己的大脑却不甚了解，当时的科学家无法探知其奥秘。这是多么讽刺的一件事。科学家们拥有观测光年外行星的设备，却没有工具能探知位于眼后几厘米的那块物质。如今，我们有了核磁共振、CT、PET扫描仪和其他一些由神秘的首字母缩写命名的成像设备，这些非凡的仪器能够精确地检查出两耳之间布满皱褶的灰色豆腐块里到底发生了什么。

一些新的认知科学领域（认知科学被定义为包括哲学、心理学、神经科学、语言学和人类学在内的对心智的跨学科研究）

正在拼凑这些拼图，而且已经取得了显著进展。尽管仍有未解之谜（生活中总是会有未解之谜），但科学家们已经了解到什么使你的大脑产生电化学活动，让你感觉与某人产生了神奇的化学火花。他们还发现，相同的化学物质对男性和女性的大脑和神经系统会产生截然不同的影响。[14] 因此，本书中介绍的发生浪漫爱情的方法因性别不同而大不相同！

许多人固执地认为，让你爱的人爱上你是难以实现的。然而，他们错了。确实可以实现这个目标，前提是你要清楚爱情反应的过程，并且了解以下背景知识：

（1）你与异性的神经解剖学构造完全不同，差异几乎与身体构造的差异一样大。

（2）你的大脑受到不同药物的影响，这些药物支配着你的思维、感觉、行动以及你的反应。[15]

（3）进化对男性和女性的影响不同。[16]

（4）大自然母亲为你们塑造了不同的角色。[17]

（5）随着一段亲密关系逐渐成熟，不同的化学物质会充斥你的大脑和身体，影响你的情绪和欲望，这是自然现象，也是不可避免的。[18]

我会教给你一些技巧，这些技巧可以帮助你维系更长久的亲密关系，让你和伴侣一直想在一起，还可以尽可能地再现亲密关系早期那种令人兴奋的感觉，我把它们叫作"爱情反应点燃器"。

骷髅图

自古以来，爱情是男人和女人拥有的最细腻的情感，但有时诱人的面具背后其实隐藏着危险。我们都知道美具有欺骗性。如果你不知道自己面对的是什么人，爱可能毁了你。有些人会和对自己并不好的人产生火花，因为那是他们在童年时熟悉的相处模式。

其他常见的脆弱心理和不健康的精神状态，可能会创造出一些自我伤害的需求。可悲的是，有些人一次又一次地进入这些有害的关系，有时甚至是危险的关系。

你一定看过抗抑郁药的电视广告，最初沮丧的人们后来在草地上高兴地跳舞，互抛鲜花。除非仔细聆听，否则你不会听到旁白以闪电般的速度说："副作用可能包括恶心、呕吐、内出血、癫痫发作、呼吸停止、昏迷、脱发、性无能，在极少数情况下还会导致死亡。请咨询你的医生这种药是否适合你。"

同样，当感觉到那种火花时，每个人都对内心的警告充耳不闻："副作用可能包括极度活跃、食欲不振、颤抖、强迫思考、强迫行为以及与精神疾病相关的症状。[19] 问问自己这个人是否适合你。"

在写这本书的过程中，有时候我会合上笔记本电脑，看着窗外，扪心自问，我是不是在教别人如何制造"炸弹"。相爱从来不是一件容易的事情。爱情是甜蜜与痛苦相伴相随的，而痛苦不可避免。我希望你从本书中获得的知识比想象中更多。就像学会分辨哪些蘑菇是有毒的，我希望在爱情反应把你推入一段糟糕的关系中之前，你能意识到什么时候应该逃离它。

现在来看几条好消息

随着时间的推移，有的感情会发生改变。即使是最好的亲密关系，也会发生改变。不要相信书里说的"你们会永远亲密"之类的话。不过，你可以创造亲密的爱情关系，让爱意持续更久，让你们经常享受美妙的性爱浪潮。大多数人不知道的是，与爱情初期产生热烈的爱意相比，维系良好的亲密关系对于幸福的生活是至关重要的。因为，它是长久幸福关系的本质。

现在，请先运用你的新知识，学习如何创造出奇妙的爱情反应。尽管你确信这是真爱，但还是请放慢节奏。爱可以像玫瑰花瓣上的露珠一样脆弱、转瞬即逝，也可以像石化森林里的橡木一样不朽。

通常，如果你很年轻，你的爱更像前者。这与智力无关。你可以像阿尔伯特·爱因斯坦（Albert Einstein）、斯蒂芬·霍金（Stephen Hawking）和丽莎·辛普森（Lisa Simpson）三个人加起来那么聪明，但无论你有多聪明，你的神经连接要到25岁左右才会发育完全。[20]换句话说，直到那时，你才能在选择伴侣方面做出最明智的决定。不过，无论你处于什么年龄，你的大脑中喷涌而出引发爱和激情的物质都会让你无法看清现实。这是大自然母亲计划中的一部分，我们稍后进行讨论。

我祈祷这本书将帮助你避免与错误的人相爱、结婚、生子，然后经历幻灭和离婚的悲剧。

一些重要的说明

我盯着空白的电脑屏幕，焦虑的手指在键盘上方徘徊，在敲下第一个字之前，我需要做出几个选择。

性别的一般性结论

不幸的是，大多数社会学研究得出的结论是，女性主要是在寻找伴侣，而男性只是玩玩而已。[21] 对此有成千上万个例外，但在得出其他结论之前，我将承认他们的发现，接受大多数人的情况就是如此的事实。不过，请记住，大多数男人确实希望有一天结婚并安定下来。[22]

发展进化表明，没有什么是亘古不变的，尤其是人际关系。我们是否正在走向家庭主夫和职业女性的世界？也许在我们有生之年不会。但谁知道未来会怎样呢？

同性亲密关系

男女同性恋之间的化学反应和异性亲密关系一样强烈，由于同性伴侣在神经解剖学和神经化学方面的相似性，他们的爱情往往持续更久。不过，在这本书里，我主要谈论的是男女之间的亲密关系。两性的大脑在结构、化学物质和功能上的差异与本书提到的发现密切相关。这些差异造成许多最常见的亲密关系问题。[23]

政治正确性

这给我带来了一个相关的问题。我应该遵守还是打破关于性别的刻板印象，比如女人爱说话，男人表达简洁；女人了解自己的感受，而男人会问："什么感觉？"对于这个问题，我没有多想，因为它完全是基于大脑的生物结构。每当政治正确性与事实相悖时，我会选择后者。

大火花和小火花

有两种方法可以点燃爱情反应，最著名的是瞬间的火花。不幸的是，除非你符合潜在伴侣的爱情地图，或者在他身上唤起一种"被遗忘"的强烈体验，否则几乎不可能完成任务。

所以，当我说到"火花"时，我指的是那些小火花，当它们与一大堆其他的火花相遇时，就会形成巨大的火花。

如何让别人爱上你的技巧

如果你读过我第一本关于爱情的书，你会发现这两本书有两点不同。在第一本书中，我分享了85种让别人爱上你的技巧。我分享的每一个小技巧都是基于当时最新的社会学研究。本书介绍的是认知科学和神经成像领域具有开创性的最新研究，在我写第一本书时，这些研究尚未被发现。

正如读者告诉我的那样，我的第一本书中最棒的是这些技巧很有效。糟糕的是，有些技巧有些循规蹈矩。书里的有些方法其实是教你根据你的潜在伴侣想要什么，而放大或弱化你的某些品质，用这种方法来展示你自己。现在，了解神经科学关于爱情的新发现后，回想起来，我感到有点内疚。

让我们做个约定吧：我会教你一些技巧来刺激你潜在伴侣的神经和荷尔蒙系统。

但是当你和潜在伴侣交谈时，不要昧着良心！不要伪装或夸大你的品质。只需强调那些能激发爱情反应的事实。我这样说并不是出于道德考虑。当你开始一段认真的恋情时，任何捏造或谎言都可能毁掉你们的人生，甚至会毁掉你孩子的人生。

全书内容预告

第 1 章，边缘地带的爱，我会简单介绍一下人的大脑结构，以及你可以用来创造爱情反应的工具。

第 2 章，一见钟情的爱情，我会揭开瞬间点燃火花的秘密。

第 3 章，点燃爱情的火花，我会教给你 12 条效果惊人的技巧，帮助你点燃你们之间的爱情反应。（准备好了，有些技巧有点极端，但结果证明是有效的。）

第 4 章，在网络社交中寻觅爱情，我会教给你 6 种独特的方法，帮助你吸引异性。

第 5 章，如何让他对你一见倾心，我会为你介绍 13 种爱情助燃剂，帮助你让对方从"你好"的状态转变为"让我们约会吧"。

第 6 章，约会时的小心机，我会教给你 13 种技巧，帮助你在每次约会时点燃你们之间的爱意。

第 7 章，被忽视的爱与性，我会介绍 7 种不同寻常的助燃剂，帮助你点燃潜在伴侣大脑中的情欲炸弹，并在今后一次又一次地引爆它们。

第 8 章，维系长期的亲密关系，我会教给你 8 种技巧，帮助你将一段新的亲密关系变为一段认真的亲密关系、一段美妙的关系。

第 9 章，愿你坠入爱河，嫁给爱情，我会教给你 5 种方法，帮助你让潜在伴侣想要与你坠入爱河，想要与你美好地生活在一起。

第 10 章，爱情保鲜的秘诀，我将教给你 8 种方法，帮助你将美好的爱情永远维持下去。

热烈的技巧可以带来持久的爱

据说，如果你不是因为爱而结婚，那么在你的余生中，每天都将为此付出代价。让我具体聊一聊。如果一开始你将"疯狂"误以为是"爱"，你就会面临这个风险。只有当你在了解什么是爱后再结婚，并悉心呵护它，你才会真正"从此过上幸福快乐的生活"。

在本书的前半部分，我会教给你一些"小技巧"点燃你最初的爱情反应。有些读者可能会把它们叫作"游戏"。但有道德的游戏是有规则的。这个追求游戏的规则是不欺骗、保持诚实，而且绝对不会做任何伤害或误导对方的事情。但是，我要提醒你，对于这些技巧你需要运用一点策略，也需要鼓起勇气！

如果你是女性，你可能会惊讶地发现早期的调情技巧是"浮夸"的。但是你要学习它们，因为随着关系的深入，你就能读懂藏在它们背后的智慧。你将学会如何将火热的诱惑变为拥有重要意义且持久的爱。

来源

本书中所有信息均来自参考文献中的研究。然而，在校对手稿时，我发现像"一项研究证明了""某本期刊证明了"这样的短语简直太令人厌烦了。读着像"备受尊敬的（神经学家、心理学家、社会学家或人类学家）发现……"这样的句子，我都快要睡着了。

所以，我决定只是陈述事实，但在旁边标注了参考文献的来源。如果想要了解更多关于这个主题的信息，你可以去查看相关参考文献中的原始研究。

在爱的神经科学知识方面，有数百位科学家为我撰写本书提供了帮助，你们可以在参考文献中找到他们的名字。其中三位科学家让我无比钦佩和感激，他们对本书的内容做出了特别的贡献。首先是海伦·费希尔博士（Dr. Helen Fisher），她是罗格斯大学（Rutgers）的一位生物人类学家，除了原创性研究，她还为大众写了几本颇为精彩的书。我也很尊敬阿瑟·阿龙博士（Arthur Aron, PhD）[纽约州立大学石溪分校（SUNY, Stony Brook）]和戴维·巴斯博士（David Buss, PhD）[得克萨斯大学奥斯汀分校（University of Texas at Austin）] 所做的关于人际关系的认知和进化的迷人研究。我还很感谢我的朋友威廉·霍夫曼博士（Dr.William Hoffman），他是位受人尊敬的神经外科医生，确保我准确地沿着人类大脑错综复杂的路径前进，不被某些突触所误导。

本书中的每项事实都得到大量研究的证实。不过，为了读起来简明易懂，每一项发现我仅引用了一两个具有里程碑意义的研究。在本书中，我也引用了大量的研究。所以，除非绝对必要，否则我不会重复引用相同的研究。

你将会读到的唯一的虚构内容

任何见过晴天的湛蓝天空、春天的草地、正午灿烂阳光的人，都能体会到大自然母亲那令人窒息的美丽。

任何曾经从龙卷风、暴风雪或海上风暴中幸存下来的人，都会敬畏大自然的力量。任何坠入爱河的人，都会在不知不觉中欣喜地成为大自然母亲的一分子。大自然的主要任务是确保海洋中的所有鱼类、空中的鸟类、陆地上的植物和地球上包括人类在内的哺乳动物不断地繁衍生息，让地球繁荣旺盛地发展下去。

通过拟人化的方式描述这种强大的力量是本书中唯一虚构的部分。除此之外，本书全部由经过证实的资料、真实的故事以及幽默的语言组成。

这有多么复杂？

想必有些人已经猜到了，这个话题非常重要，我已经将本书进行了简化。我之所以这样做，是因为涵盖了诸多学科引人入胜的认知科学领域需要进行一点简化！

对于那些对认知科学有不少了解的读者，请原谅我把内容简化了。这本书适合大众阅读，有些地方可能有些过于大众化了。现在，请开始享受这段阅读的时光吧！

Chapter 1

边缘地带的爱

我们在哪里感受到爱？大多数人会回答："当然是在心里。"情人节就证明了这一点，情侣们会互赠礼物。我们在某物品上刻一个心形，然后在中间刻上两个人的名字，并告诉彼此："我的心属于你。"只有狂热的神经学专家才会坚持准确地描述爱来自哪里。他会给女友寄一张情人节卡片，上面画上一团黏糊糊的灰色大脑，因为那才是浪漫的真正所在。

爱的所在

爱与你所有的情感同在，它们位于被称为"边缘地带"的地方。在认知科学中，更准确的说法是边缘系统。它是你大脑中储存欢笑、泪水、希望、失望、愤怒、热情、情绪起落，以及其他的情绪和深刻情感的部分。

你所有的情绪种子都位于边缘系统，其中最强大的种子是爱。总有一天，"边缘系统"会成为一个家喻户晓的词。那时，人们在责备家人、朋友和爱人时不会说"不要太情绪化了"，而会说"哦，不要这么边缘系统化！"

让我介绍一下边缘系统的五位主要居民。稍后我将介绍激

发亲密关系的物质对男性和女性大脑所产生的不同影响。边缘
系统是一个性别差异非常明显的地方。

你的杏仁核（Amygdala）的昵称：情绪小姐

杏仁核是大脑边缘区的情绪领导者。在爱情中，她有时很
古怪，完全不理智。但是，当你读过这本书后，你再也不会因
为你的伴侣而抓狂，尖叫着说"她疯了！"或者"他是个坏
蛋！"，你会明白为什么两性如此不同。

女性的边缘区比男性的更大、更深，这一点也不奇怪。[1] 对
于女性来说，好消息是：男性的爱往往更强烈、更持久。后面
我会解释原因。[2]

女性的杏仁核之间有更直接的神经连接，因为她们的神经
细胞更紧密地聚集在一起。[3] 事实上，它们一直在讨论她和潜在
伴侣之间每天的关系。我们可以把女性大脑的神经细胞想象成
一群女人，她们在一个晴朗的日子里，边散步边相互交谈。令
人惊讶的是，她们如此靠近对方，距离近到不会错过对方说的
任何一个字。

相反，男性主要靠灰质来思考，男性灰质的量是女性的 6.5
倍。[4] 灰质是一种很好的神经组织，它能够让人集中注意力。[5]
然而，了解细微之处或交流情感，并不是灰质擅长的事情。[6]

想象一下，一位男人的灰质神经细胞就像一群分散的"男
人"，在瓢泼大雨和狂风中沿着岩石小道艰难前行。他们看似距
离很远，以至于需要大声喊才能听到对方的声音，更不用说理

解对方在说什么了。

所以，女人更了解自己的情感，这还有什么好奇怪的呢？

你的海马体（Hippocampus）的昵称：记忆先生

海马体负责记忆——短期记忆、长期记忆，而且大多数时候，是潜意识记忆。当谈到女性大脑中的情感问题时，边缘地带的海马体与杏仁核也有着更密切的关系。当一位男性的妻子或女朋友记得所有细节时，比如他做过的一件不体谅人的事情，他的嘲讽，或者某次忘记了对方的生日，这令他抓狂。"她为什么不能忘记这些事情呢？"他痛苦地想。抱歉，伙计们，这不是她的错，是她的海马体和杏仁核组成的紧密团队不让她这么做。

你的下丘脑（Hypothalamus）的昵称：行动先生

现在要介绍大脑中每个人都想影响的部分——下丘脑，它每时每刻都在向脊柱发送信息，控制你的中枢神经系统。

它像一个强壮的男人，让你的身体做出行动和反应。当你感受到爱情的火花时，你会感到口干舌燥、脸红心跳，这些都是这个大脑区域带来的影响。

你的下丘脑负责处理与性、重要时刻相关的事情，对于男性来说尤其如此。事实上，男性大脑中下丘脑的体积是女性的2倍多，而且它与睾酮产生良好的协同作用。[7]这个大脑区域负责在性爱时让男性勃起，睾酮则会让他兴奋起来。除了勃起外，下丘脑还监测着身体的其他活动，比如吃饭、睡觉和呼吸。

你的尾状核（Nucleus Caudate）及周围区域的昵称：欢乐岛

在讨论大脑中"聪明"的部分之前，让我们先谈谈最快乐的区域——尾状核。这个感觉良好的区域包括伏隔核（nucleus accumbens）和附近的腹侧被盖区（ventral tegmental area，VTA）。认知科学把这两者称为快乐或奖励中心。兴奋、享受和欢欣都发生在那里。当爱情来临时，这个欢乐岛就会被激活。如果你的大脑中没有这个快乐区域，你将会感觉生活毫无意义。

你的前额皮质（Prefrontal Cortex）的昵称：教授

最后一个但很重要的区域，是你大脑中最聪明的部分，我给它取的昵称是教授。前额皮质与其他区域不同，并不位于边缘区。

他的宝座就在你的大脑前方。这位智者勤勉地观察着边缘地带的神经传递活动（我们称之为"信息"），试图确定谁对你有害，谁对你有益。

不幸的是，大多数人在刚坠入爱河时都不听教授的话。当一对情侣处于热恋的初期时，许多令人陶醉的化学物质闯入他们的大脑，减弱理性大脑区域发来的信号。[8]教授试图防止情侣们在陷入热恋时，让自己做出一些出丑或自毁形象的事情。但在热恋时，谁会听这些劝告？

这就是大脑中承载情绪的复合体。请耐心听我介绍一下里面所含的化学物质。它们在爱情中扮演着最重要的角色，要懂得如何与某人相爱，就必须先对它们有所了解。

爱的 6 种化学物质

多巴胺（Dopamine）

爱的主角是多巴胺。每当你与某人产生爱慕之情时，它就会出现，它会带来惊人的影响。还有一些辅助的化学物质，比如去甲肾上腺素和苯乙胺。当你"疯狂地恋爱"时，它是主要发挥作用的化学物质。当你第一次遇到多巴胺时，它会展现出自己是令人狂喜、欢欣、欣喜、兴奋和陶醉的物质。有时它会在一瞬间出现，其他时候它的含量会慢慢地上升。当你坠入爱河时，它会带你去那个最美丽的地方——欢乐岛，也就是位于你边缘系统深处的尾状核。

多巴胺喜欢行动。当你感到恐惧时，身体就会分泌出多巴胺，这就是为什么惊悚电影和撞车的情节会让一些人感到兴奋。优美的音乐、激动人心的演讲和你喜欢的活动也会召唤多巴胺。人们希望做一些事情来留住它，因为当它消失或开始淡去，人们就会变得沮丧，甚至想自我毁灭。

它令人狂喜的影响力非常大，以至于如今许多权威的人类学家、神经学家和精神病学家都说，爱只是多巴胺对大脑的愉悦中枢（pleasure center）产生了影响。[9] 就我个人而言，我不喜欢那样想，但有证据很好地证明了这一点。

这种物质会上瘾吗？是的，多巴胺与上瘾行为有关。

血清素（Serotonin）

当你体内的血清素水平较高时，你会感觉棒极了。当你锻炼、开怀大笑、晒日光浴、航海、滑雪、冲浪、跳舞或做其他喜欢的事情时，这种令人感到幸福的化学物质就会涌入你的大脑。它对于你的快乐如此重要。如果血清素水平开始急剧下降，你就会变得悲伤、忧郁、痛苦。有些伤心的人会酗酒，或者做更糟糕的事情，只是为了让它再次短暂地出现。

理想情况下，血清素和多巴胺能很好地协同工作，但是有一个问题。如果多巴胺让你对亲密关系表现得过于狂热，血清素会不喜欢这样。它会开始减退，让你经历失眠、饮食失调、想法消极、焦虑，甚至更糟糕的情况。

当人为加入血清素时，比如服用抗抑郁药，它也会干扰你爱的能力。[10] 在不使用药物的情况下，如何平衡血清素和多巴胺，让它们协同工作，这就要靠恋爱中的双方了。

睾酮（Testosterone）

我还需要介绍这位著名的表演者吗？它是所有浪漫化学物

质中最受尊崇，同时也是备受严厉批判的一个。有时睾酮会招致非议，人们指责它挑起街头斗殴、内战、背后捅对手一刀、操纵企业收购案、超速驾驶、抢劫、强奸、乱搞男女关系。这些令人讨厌的事情中确实有一些是高睾酮男性做的，但也不全是。睾酮是一个"好人"，它在发展创造力、智力、思维模式、自信和动力方面发挥着重要作用。[11]它还赋予了男性更多的肌肉和骨量，当然，有时还有巨大的无法控制的性欲。

雌激素（Estrogen）

众所周知，雌激素是女性追求的东西。那些想要看起来更年轻、更美丽的女性都渴望受到雌激素的影响。人们渴求拥有这种荷尔蒙，有幸拥有大量雌激素的女士肤色更清透，头发更有光泽，脸颊更红润，嘴唇更饱满，乳房更丰满，整体上也更健康。雌激素水平高的女性也更容易怀孕。

由于大自然母亲的影响，这对男人来说是一种潜意识的爱情反应点燃器，你将很快了解这是为什么。然后是有助于组建家庭的化学物质。

催产素（Oxytocin）

催产素是美妙的。每个人都爱它，因为它能产生深情的感觉，增进信任，促进关系长久地维系下去。"催产素更多属于女性，而另一种'亲密化学物质'后叶加压素则属于男性"，这种说法有些夸大。男性和女性的大脑都会产生这两种物质。然而，当催产素与雌激素混合后，有助于亲密关系变得更牢固。

催产素和后叶加压素协同作用，帮助伴侣们相守，使他们成为更称职的父母。[12]神经学家把它们称为"亲密化学物质"或"拥抱化学物质"，这并不是无缘无故的，在本书后面的部分，我们将了解更多。

后叶加压素（Vasopressin）

后叶加压素的作用类似于催产素，两者常常会被连起来称为催产－加压素。它们都是有利于组建家庭的化学物质。后者可以让一个男人与终身伴侣变得更亲密，也会让他成为一个更称职的父亲。[13]不幸的是，后叶加压素和睾酮不能很好地共处。后叶加压素会抑制睾酮的水平。[14]妻子常常会因为丈夫在自己生完孩子后不再那么热情似火了，而误以为他不再觉得自己具有性吸引力。[15]但是，女士们，从好的方面看，这意味着他与你和孩子变得更亲密了。

此外，睾酮水平的下降也会减少他寻求其他性行为的欲望。

现在，让我们来谈谈你的特质吧，在点燃爱情反应的过程中，你的特质将发挥重要的作用，以及如何让大自然母亲帮助你。我会按照身体的各个部分来介绍，这是因为它们对点燃爱情反应的技巧来说至关重要。

爱情

女孩，

Chapter 2

一见钟情的爱情

由于DNA、过往的经历以及无数其他因素的影响，你永远不可能完全控制你和某人之间的爱情发生。不过，这只是一部分原因。大自然母亲发挥了巨大的作用。事实上，她是你最好的伙伴，可以帮助你点燃对方体内的爱情反应。动物本能地听从大自然母亲的指引。当异性令它们感到兴奋时，它们会低吠，发出咕噜声、咯咯叫、啼叫、喘息，或用其他方式表现出这种兴奋。（人类在这方面则表现得更微妙。）

动物努力吸引到最佳配偶，它们是根据神经学、化学和进化的影响来确定哪一个是"最好的"。虽然你可能不这样想，但你也是这样做的。不过，人类在判断过程中还会考虑一些其他因素。你的大脑更大，而且不幸的是，大脑会受到某些社会习俗的限制。因为你更复杂，所以点燃爱情反应的过程也会更复杂。

"男人都是禽兽"

女人们，你或你的朋友有没有抱怨过"男人只对性感兴趣"？我那位来自巴吞鲁日（Baton Rouge）的朋友布朗迪肯定是这么想的。布朗迪是一个漂亮的女人，她经常约会，也经常抱怨男人。她每年都来纽约参加马拉松比赛。在比赛的前一天晚上，我们总会去同一家餐厅吃橄榄酱意大利面，然后听她抱怨生活中的男人。

去年11月，她一边用叉子卷着意大利面，盯着一颗塞了甜椒的橄榄，一边抱怨道："男人只对性感兴趣。为什么我找不到一个可以建立关系，可以交谈……一个和我交流，而不仅仅是和我身体交流的男人？我想要一个懂得拥抱我，而不是在性爱后就立马睡着的男人。我的要求过分吗？"

"好吧，布朗迪，你说的最后一点是这样的……"我开始跟她讲男性普遍存在一种叫作"性交后嗜睡症"的症状，男性在性高潮后入睡是存在化学原因的。[1] 但是她打断了我的话。一旦布朗迪打开了话匣子，她就停不下来。

往年的11月，当她滔滔不绝地倾诉时，我只会点头倾听。但是今年，当时我正在写这本书，我打断了她的抨击，对她说："好吧，见鬼——哦，布朗迪，你期待的是什么？"

她惊呆了，瞪着我说道："什么……这是什么意思？"

"布朗迪，我亲爱的朋友，你可以把一只雄猩猩带出丛林，但你无法让雄猩猩完全褪去它在丛林里养成的习性。事实上，你并不想要这么做。通常一个男人和你约会的最初动机就是因为他想要性爱，越快越好。他不想整晚都抚摸你的灵魂。他更喜欢摸你的乳房。布朗迪，你得给他们一点时间！"

"我当然会的。"她翻着白眼说。我还想继续说下去，但我知道她需要好好睡一觉来迎接她已经为之训练了一年的挑战。

我拥抱了她，一如往常地说了一句："明天让大家见识一下你的厉害吧。"然后我在心里想着要把这本书送给她。

那么，布朗迪对男人的看法错了吗？当然，大多数男人在和你约会时不会只想着性爱，但通常这是他们想的头一件事。[2]除了前面提到的一些激素，性也会让一个男人感受到自己对某个女人产生了火花。大多数男人最终确定想要一段永久的关系。[3]性吸引是至关重要的，因为它是点燃火焰的火柴。深入的对话、沟通、建立关系、承诺都在这之后。

"女人都拜金"

如果你读过我以前的书，你一定很熟悉菲尔，他是我的好朋友和柏拉图式的男室友，或者说"不会发生性关系的朋友"。和菲尔住在一起，便于我研究男性的心理。而且，他是最好的男性室友。当然，每次他约会回来，我都会毫不留情地盘问他。

一天晚上，菲尔回来了，他脸上的表情告诉我："这是一场地狱般的约会。"他走路摇摇晃晃的，身上是马天尼的味道，他喝得比平时多。他显然没有心情提交他的约会报告。

当我正要对他说"我一点也不好奇"的时候，我那位温文尔雅的室友一反常态地低声抱怨道："该死的拜金女！"

一向讲究整洁的菲尔把外套扔在沙发上，摇摇晃晃地走向浴室。在电动牙刷的嗡嗡声中，我听到他大声说着一句法语，我知道他不会说法语。"伯纳丁，伯纳丁，伯纳丁！"

"你说什么，菲尔？"我喊道。

他打开门，嘴里的白沫溢了出来，他喊道："伯纳丁！这是纽约最贵的餐厅！"他把混着泡沫的水吐了出来，继续说，"今天下午，我把想和她共度晚餐的餐厅发给了她。但是，这位金发姑娘觉得那里不够好！她回复说，她更喜欢公司附近的一家'不错的小餐馆'。哦，这家餐厅是还不错。这顿饭花了我200多美元，整个晚上她都在问我一些可怕的问题。哦，呵呵，我明白她的意思。她想知道我一年赚多少钱。该死的拜金女！"他一边咆哮着，一边砰的一声关上卧室的门。

当然，钱不是女人衡量男人的主要标准。然而，无论她自己多么富有，大自然母亲总会在她耳边低语："亲爱的，确保他能好好地供养你和你的孩子。"即使一个女人挣的钱足够供一所孤儿院的孩子念完大学，她还是会觉得丈夫应该比自己挣得多。[4]

女人们，放男人们一马吧

姐妹们，他持续渴望着性不是他的错。你不会因为一个男人天生跛脚而责怪他。同样，你也不能因为他比你的性欲更旺盛而责怪他，这也是他的天性。[5]

对雄性来说，把性从脑海中赶出去几乎是一个不可能的挑战。大自然母亲赋予男性的睾酮至少比女性多十倍。这个比例并不准确，但试想一下，如果你对性的渴望是现在的十倍，你会不会对性表现得更饥渴、更积极呢？在一段亲密关系中，女人可以持续几个月，甚至几年没有性生活。但对男人来说，这几乎是不可能的。[6]

事实上，即使只是和一名陌生女性随意地聊天，男性的睾酮水平也会飙升整整三分之一！[7]他们的多巴胺从大脑中喷涌而出。不幸的是，这种令人感觉良好的化学物质会阻碍信息传递到他的前额皮质（大脑中负责思考的区域）。想想有那么多男性政治家、体育界人士以及其他名人，因为性而放弃了宝贵的事业。女孩，你有能力把身边这位庄重的绅士变成一只有阅读障碍的章鱼。

性会扰乱他的大脑

事实上，男性不仅会对性做出愚蠢的决定，还有可能做出非常危险的决定。佛罗里达州立大学（Florida State University）的研究人员召集了一群勇敢的女孩，让她们接近不认识的男性，并问他们："今晚你愿意和我做爱吗？"75%的人立刻答应了。[8]原本不容易感到震惊的我也被这项研究震惊了。最近，研究者先让男性了解了艾滋病的患病风险，然后进行这项研究，研究中69%的男性答应了。[9]

这让我感到震惊，也让我非常难过。

不用说，当把这项名为"性行为的性别接受度"的研究颠倒过来，让男学生接近女学生时，没有一个女生会答应这个请求，在意识到性可能会传播疾病之前或之后都没有人答应。

男人们，放女人们一马吧

雌性动物是不可能对远古祖先的疾呼充耳不闻的。她的潜意识里会反复出现一个噩梦：在与你度过激情一晚后，你跳上你的爱马，在落日的余晖中一个人离开了。后来，她怀孕了。对于你来说，这只是 15 分钟左右的幸福，但这可能意味着她要承受 15 年左右的负担。

"但不会发生这种事情的。"你抗议道。当然不会。她也知道。但飘浮在她大脑中的认知模块就是这么告诉她的。在潜意识里，她会问她的克鲁马努祖母，得到的回答总是："亲爱的，我经历过这些，你也可能会经历这些。"她的远古祖母还提醒她怀孕后会经历偏头痛、呕吐、腿抽筋和臀部疼痛。

先生们，严重晨吐感觉就像是狼吞虎咽地喝下一杯海鲜鸡尾酒，吃下一打生鸡蛋、一个巨无霸汉堡，喝下一杯热巧克力圣代、六瓶啤酒，然后去坐过山车时的感觉。

如果你的女朋友怀孕了，她将付出巨大的生理代价。要在身体里容纳一个人，就需要挤压身体内部的空间，这会带来一些巨大的挑战，比如你需要和身体里的这个人分享钙、铁、维生素，以及其他对健康、美丽至关重要的元素。

然后是体重增加，只能穿肥大的衣服，而且不能过性生活。如果你不相信，可以在沙滩排球里放一块水泥，把它绑在你的肚子上，然后尝试性生活。

之后是极度痛苦的分娩，接着是换尿布，面对总是哭泣、恶魔般、精力旺盛的孩子，等等。如果陷入了困境，她将很难独自抚养孩子长大，现在你能明白为什么她会考虑你的经济状况了吗？原始记忆深深地扎根在她的大脑里，所以女人不想立马和你发生关系，这有什么好奇怪的？

作为男性，你要付出的生理代价是什么？仅仅是短暂的性生活。先生们，我为你们鼓掌。当你深深地陷入爱河时，你开始对生活中的一些现实视而不见，这真的很迷人，或者说幼稚。[10]女性在选择伴侣时通常更理智。对恋爱中女性的大脑成像研究显示，女性大脑中活跃的区域比男性更多。[11]然而，当一个男人兴奋起来时，从某种意义上说，他有点"神志不清"了，因为他批判性思维的通道关闭了。[12]女性更多地使用她的大脑来做决定，而男性更多地用他身体的其他部分来做决定。

感谢大多数女人在亲密关系中更加现实吧。如果她像你一样在坠入爱河时完全不考虑现实问题，那么就会有更多悲惨的婚姻——他破产了，她崩溃了，孩子们饥饿着。兄弟们，底线是：尊重异性伴侣的天然特点，从长远来看，你真的不能只靠爱情生活。

你可以思考一下这个问题：你首先考量的是她的外表有多么吸引人，那么她首先考量你拥有多少财富有那么糟糕吗？

如何提高一见钟情的概率

女人们，如果你还在怀疑外表是男人最先关心的事情，那么让我引用一项具有里程碑意义的研究结果：女性的外表吸引力是女性配偶价值的重要组成部分。[13]"配偶价值"是研究人员用来形容一个人在"婚恋市场"上受欢迎程度的一个粗鲁的词。是的，女性们，你们的长相很重要，非常重要，至少在他了解你以及你的内在品质之前就是如此。

一个男人可能会被一个他从来不认为会和他建立亲密关系的漂亮女人勾起性欲，比如一个头脑简单的模特，这些女性可能是令人愉快的一夜情人，但他绝对不想和她们建立家庭。

这些事实似乎显而易见。在这一节，我将快速回顾一下令男性兴奋的细节，因为只有当你明白为什么异性会被某些特征吸引，你才能自信、勇敢地运用爱情反应点燃器。

我们想要的"就是"孩子

男人们自己并没有意识到这一点，也肯定会否认这一点，但他们潜意识里头号爱情反应的火花可以归结为一个词：生育能力。对于大自然母亲来说，这场游戏就是繁殖。这是底线，是男人觉得性感的本质。[14]科学是这样形容的："出于本能，所有物种的男性都想从他的'投资'中获得'最大繁殖回报'。"[15]毕竟，大自然母亲认为，如果一个女人不能为自己生一个拥有良好基因和强大免疫系统的孩子，那么这个男人为什么要把时间浪费在她身上呢？那将是浪费生命。

先生们，即使你计划过一种平静的生活，不用面对婴儿粪便的气味，不会被吐在身上，但大自然母亲并不知道这一点。她为你编写的程序让你会被看起来可以生育健康宝宝的女性吸引。

姐妹们，大自然母亲早就为你做好了准备。在排卵期，她会让你更加光彩照人，让你的身材更加匀称。[16]在排卵期里，你的眼睛变大，嘴唇更丰满，脸颊更红润。[17]就像雌性猿猴在发情时，下脸颊会变得更红一样。为了防止任何雄性猿猴错过自己，它的臀部在那段时间会变大、变成粉红色。同样，你红润的脸颊向男人发出潜意识信号。

顺便说一句，女士们，如果你不喜欢高大强壮的高水平睾酮的男性，那么在排卵期要格外警惕。在你最容易怀孕的时候，大自然母亲会给你一杯化学物质鸡尾酒，让你变得更吸引他们。[18]

让我们来分别看看身体的各个部分，男人们就会这么做

一个男人不会看着你想："哇，光滑的皮肤，丰满的胸部，纤细的腰肢，有光泽的长发，而且很年轻。"让他眼前一亮的是你的整体状态。但是为了给你的狩猎之旅准备更多的"弹药"，我会告诉你为什么每个部分都很重要。

光滑的皮肤。皮肤可以衡量你体内的荷尔蒙状态，顺便说一句，肤色较浅的金发女郎更容易展现自己的荷尔蒙水平。[19]这就是为什么人们常说"绅士爱金发美人"。你还记得玛丽莲·梦露那部经典的电影吗？如果让一位生物学家来给这部电影取名，那么它会有一个不太吸引人但颇具说服力的标题，比如"绅士喜欢发色和肤色较浅的女性，这样更容易发现贫血、紫绀、黄疸和其他皮肤疾病"。[20]但那样的话，这部电影就不会成为卖座的大片了。

长发。有光泽的头发也是健康和雌激素的标志，因此，你更容易受孕。长而闪亮的头发表明这些年来你一直很健康，充满了令人羡慕的荷尔蒙。当然，这意味着你更容易怀上一个健康的孩子。[21]

玲珑有致的身材。你可能会问，曲线美的身材有什么大不了的？

大自然母亲会在男性的耳边低语：“哥们儿，她可以更快、更容易怀孕，更不容易流产。”[22]男性在潜意识中认为，臀部更大的女性为他孕育后代时，可以为孩子的头部留出更大的发育空间。拥有丰满乳房的女性发出的雌激素信号比普通女性大约多37%，这会给男性燃烧的神经细胞增添更多的燃料。

眼睛。处于排卵期的女性眼睛会变得更大、更有吸引力。关于颜色，蓝眼睛的男性更容易被同样眼睛颜色较浅的女性吸引，因为他可以更容易从孩子的眼睛颜色判断他爸爸的眼睛是什么颜色。[23]

嘿，那我的脸呢？我一直以为男性首先看重容貌，所以当我看到研究指出男性会先留意女性的身体时，我感到很震惊。[24]男性自己可能都没有意识到，在最开始的十亿分之一秒，他会下意识地感知你的身体，判断你的脸是否“值得一看”。我不相信这个研究结果，于是我决定去问之前提过的乔治船长（后来，他成了我的伴侣）。

乔治是一位非常有教养的绅士，所以我以为他会先关注女性的脸。

“乔治，如果你可以在一位身材一般而相貌出众的女性和一位身材极好而相貌平平的女性之间做选择，你会选哪一个？"
他立刻回答说："后面那个。"我觉得有点反胃，然后默默翻看
相关的研究。

几周后，我在整理藏书时看到了大学一年级的年鉴。翻看
的时候，我想起了我住进新宿舍第一天晚上发生的一件事。当
时，一位大四学姐正在向我们展示上一年的年鉴，并谈论着我
们很快就会在校园里遇到的女孩。

"这个女孩叫谢莉。"她指着照片中的一个人说道。我们中
的几个人不得不忍住不笑出来。她的脸有点像《布偶大电影》
（*The Muppets*）里猪小姐的原型，这样的说法并没有太夸张。那
位大四学姐继续说道："男生们都为她疯狂。"我们都震惊得面面
相觑。

几周后，我在校园泳池遇见了谢莉。她的长相确实会让人
想起布偶电影里的形象，但她的身材肯定不会。她有着碧昂斯
的胸部、詹妮弗·洛佩兹的臀部和黄蜂般的细腰。当时，我还
不明白为什么她对男性有如此大的吸引力。

年龄有那么大的影响吗？ 当女孩进入青春期，她们的身体
逐渐发育，异性也开始对她们产生兴趣。当尚未进入青春期的
男孩锁上卧室门独自待着时，他也会在脑海里幻想与年龄更大
的女孩互动。[25]大自然母亲会对他们说："为什么要浪费时间对
那些还无法怀孕的女孩展开幻想呢？"

这是一个令人不安但不可避免的事实：我们会变老。男人
们也是如此，但这对大自然母亲来说不成问题。令人感到沮丧
的是，女性更年期过后，大自然母亲让她们的乳房和臀部开始

下垂，乳头变软，腰部变厚，嘴唇变薄，皮肤变粗糙，脸颊变苍白，头发失去光泽。我个人认为大自然母亲对女性是不公平的。她明确地告诉男人们："那个老妇人已经不能生育了，所以还是不要和她相爱了。"

什么会点燃女人的爱情反应？为什么？

当一位非常漂亮的女性走进房间时，男性的眼珠就会紧紧地跟随她。所以，你可能会认为一个身材高大、肌肉发达、腹部平坦的英俊男性会把女性迷倒。在另一个时代，你的想法是对的。生活在洞穴里的女人，需要伴侣拥有发达的肌肉来猛击野猪的头部，需要他们拥有宽阔的肩膀来把这头血腥的野兽扛回家。个子高更好，因为如果他没有击中猎物，至少他可以快速地逃跑。穴居时代，女人希望她的男人每个毛孔都在分泌睾酮，因为这意味着他拥有攻击能力、强烈的性欲和强大的基因，可以生育出更强壮的婴儿。

在那个时代，选择一位聪明、富有同情心、内心充满爱的男人肯定是一个愚蠢的选择。想象一下，一个穴居男人成功地完成了智力推理，但此时一只老虎身体前倾准备向他扑过来。如果这只凶猛的动物不让步，她的小宝宝就会失去爸爸。于是，大自然母亲用手指戳一戳这位原始时代的美人，对她说："亲爱的，你最好还是跟那个强壮的男人走吧。"

女性被强壮、粗鲁的男性吸引持续了很长时间。直到50

年前，女人们蜂拥到电影院，开始陶醉在洛克·赫德森（Rock Hudson）、伯特·兰卡斯特（Burt Lancaster）和克拉克·盖博（Clark Gable）等人的电影中。当白瑞德对斯嘉丽·奥哈拉说"坦率地说，亲爱的，我一点也不在乎"时，女人们的心怦怦直跳。现在，女人们会对没有达到她们标准的男人说："坦率地说，先生，我一点也不在乎。"

然而，有一件事永远不会改变：适者生存。女性天生就喜欢符合达尔文定义中"最能适应当时当地环境生存下来"的男人。[26] 然而，如今的环境发生了显著的改变。对于生存来说，现在最重要的品质是合作、同情心、好奇、善良、竞争和开放的思想。

认识到存在生理突然发展的进化心理学家，将这些特质称为"新达尔文主义"。相关的研究领域（发展进化）认识到社会环境的变化是突然发生的，而不是像进化论者过去认为的那样以均匀的速度发展的。[27]

在 21 世纪，女性的愿望清单上多了一些新东西。她想要在智力上获得成长，并且想要作为一个人以及一名专业人士，充分发挥自己的潜力。女性会寻找一个支持并帮助她实现这一目标的伴侣。

男人们，你的成功和预示着你是"好爸爸"的表现也会在对方的大脑中激起短暂的电压高峰。[28] 如果你不像《男士健康》（Men's Health）的封面人物那样拥有发达的肌肉，也不用担心。我的意思并不是女性不喜欢有肌肉的男性，而是他的大脑和思想也要同样发达。[29]

当你上一次大摇大摆地一边走进酒吧，一边对自己说"伙计，今晚我要看起来更具协作性、有同情心、好奇、善良、有竞争力，并且要展现出我对女性个人成长的支持，让姑娘们排队等着见我"，是什么时候的事情了？（继续读下去吧，你将在接下来学会如何做到这一点。）简而言之，男性首先会留意女性的容貌，[30] 而女性在寻找伴侣时首先会关注男性的品质与个性。[31]

现在我们来谈谈最吸引两性的体质，我们很少会思考这个方面。

男女通用的巨型爱情反应火花点燃器

拥有对称的脸和身体就像中了彩票一样，会吸引更多的异性，因为这预示着"健康的基因"。[32] 如果把一个良好的基因和一个糟糕的基因放在盘子里，我们不会看出任何区别。但如果让它们分别进入两个受精卵，未来你将会看到很大的差异。

他左脚的每个脚趾看起来和右脚的一模一样。他的两只耳朵就像从一个模子里刻出来的。然而，很少有人意识到这种吸引力。你是否听到过一个女人说，"亲爱的，你对称的鼻子让我疯狂"，或者一个男人吹嘘，"哥们儿，我女朋友的眉毛是我见过最对称的"。

当你看着大多数人的脸，你会想，"当然，它们是对称的"。但我说的是精确到毫米的对称，只有 0.1% 的人能达到这种程度的对称。只要偏离了一点点，就会有很大的差别。我指的不仅是完美对称的脸，还有对称的腿、肩膀、臀部、大腿、手指、肘部、胸部等等。大自然母亲会让女性被对称的男性吸引，[33]毕竟，她也想要怀一个健康的宝宝。

对于爬行动物、昆虫、鸟类和哺乳动物来说，对称美也具有吸引力，因为良好的基因能更好地对抗环境污染物和寄生虫。任何一只有自尊心的雌性果蝇，都不会考虑和一只气门不对称的雄性果蝇交配。

脸和身体对称的伙计们，尽情享受吧，因为研究表明：

（1）你会比那些不对称的兄弟早4年开始性生活。[34]

（2）在你的一生中，你的性生活更频繁，拥有更多的性伴侣。[35]

（3）女性会认为，你的体味比那些身材不匀称、脸和身体不对称的竞争对手更好闻。[36]

（4）比起那些脸和身体不那么对称的家伙，你将带给女性更好的感觉。[37]

女人们，我要给你们提个醒。脸和身体超级对称的男性可能看起来很棒，但要小心一点。据统计，他们不倾向于和一个伴侣生活在一起，他们更容易发生婚外情。[38]如果你不想怀孕，就要格外警惕。[39]

精华笔记

你将在下一部分了解点燃器发挥作用的原因，现在让我们来整理一下什么会导致爱情反应发生，以及让异性的荷尔蒙激增。

男人们请看——

点燃女性爱情反应的因素：健康、内心强大、富有同情心、机智、拥有资产或获得财富的潜力。

原因：健康男性生育的孩子的免疫系统更强。有同情心的男性更懂得照顾伴侣和孩子。内心强大的男性会为伴侣解决问题。富有的男性会为孩子和母亲提供更好的生活。

女人们请看——

点燃男性爱情反应的因素：丰满的胸部、饱满的嘴唇、纤细的腰身、匀称的臀部、红润的脸颊、清澈的眼睛、无瑕的皮肤和有光泽的头发。

原因：所有这些都反映了雌激素水平很高，这意味着他可以更快地让你怀孕，并且生出更健康的宝宝。

总而言之——

男人会被女人孕育孩子的能力所吸引。

女人会被男人养育孩子的能力所吸引。

现在我们知道了什么会点燃异性大脑中的爱情反应以及原因。接下来，让我们来看看具体有哪些爱情助燃剂，以及你该如何设置，赢得潜在伴侣的青睐。

Chapter 3

点燃爱情的火花

假设一个星期六，你和几个朋友决定去钓鱼，你们带了几根鱼竿和一桶虫子作为诱饵，前往附近的小湖。鳟鱼很快就上钩了，你们玩得很开心。当鳟鱼接二连三地上钩时，每个人都高兴得欢呼起来。你们提着一篮子鱼来到一位朋友的乡间小屋。你开了一箱啤酒，打开音乐，做了一顿美味的鳟鱼宴。

这种感觉太幸福了，于是你们计划下个星期六再来钓鱼。你们扛着鱼竿，这次拎了一桶鲦鱼当鱼饵，一路哼着小曲来到湖边。你兴奋地把鱼饵挂在鱼钩上，然后把鱼竿甩进湖里。每个人都期待着鱼儿像上次那样向你们涌来。

一个小时过去了，没有鱼上钩。两个小时过去了，还是一条都没有。三个小时后，你们都放弃了，在回小屋的路上订了外卖。

到底是哪里出错了呢？平时爱钓鱼的人可能知道答案。你用错了鱼饵，鳟鱼不吃鲦鱼。

让我们来到一个派对现场。现在你在寻找一个目标，一个与之约会、相爱，或许日后共同生活的人。许多有魅力的人在吧台边徘徊，每个人都希望吸引到最优质的那个人。但只有少数幸运的人能成功。为什么大多数人无法实现愿望？因为他们用错了诱饵。

下面这些才是正确的诱饵。

当爱情来临的时候，请忘记黄金法则吧

你一定听说过这条黄金法则：你希望别人怎么对待你，就怎么对待别人。这句话在大多数情况下都适用，但无法在对方看到你的第一眼时，点燃他的化学反应。忘记这条黄金法则，我会简短地解释一下原因。

当女性第一次看到一个男人时，她会本能地感知他的性格、自信、善良和风度。她希望找到一个拥有智慧和幽默感的男人。如果她喜欢他，她希望从第一次打招呼时就得到他的尊重。在她的内心深处，她想知道未来是否会和对方发展一段恋情。

当男人第一次看到一个女人时，他会判断她的容貌和对自己的接受程度。他最想知道的是，将来是否会和对方进行性爱，以及多久后会做这件事情。

通过这条黄金法则（你希望别人怎么对待你，就怎么对待别人）吸引异性，是人们所犯的最愚蠢、最常见的错误之一。女性尤其容易这么做。女孩们，在这个时刻，男人不会评判你的性格、善良、智慧以及你有多么淑女。如果之后他和你展开一段认真的亲密关系，那么你的性格和其他良好的品质对他来说都很重要。但一开始并非如此。在刚认识对方时，用你的个性来吸引对方是错误的。

相反，男人们，女性更在乎你的性格。与她所渴望的其他男性品质相比，你那钢铁般的腹肌和隆起的肱二头肌，像诱饵一样苍白。之后当你们恋爱时，她会渴望抚摸你的胸肌，感受你的肌肉。但一开始并不是这样。她想象的不是性爱，而是其他事情。事实上，除非你拥有她想要的品质，否则她可能不会爱上你。性感是一个错误的诱饵，因为她在考虑是否可能与你建立亲密关系。

Chemistry Sparker　爱情助燃剂 1

吸引潜在伴侣时运用白金法则

当你尝试吸引异性时，不要遵循"你希望别人怎么对待你，就怎么对待别人"的原则，而是要"用别人想要的方式对待他们"。对男性来说，展示你们好男人的品质以及对女性的尊重是最好的"诱饵"。对于女性来说，展现性感的一面和表现出你对他的接纳对男性具有吸引力。

战斗、逃跑，还是一见倾心？

我没有把这个部分命名为"眼神交流"，以免你跳过它。如果这部分的标题是"眼神交流"，我可能也会跳过。数以百万计的杂志、报纸、书籍和博客都已经把这个话题说腻了。但是，如果我不谈谈这一点，那会遗漏很多重要的事实。

持续不断的眼神交流能点燃火花，引起化学反应。在研究中，当两位不同性别的陌生人被引导进行眼神交流时，他们脑中出现的神经化学反应与浪漫的情绪类似。[1]另外，互相对视一段时间将会给人带来一种坠入爱河的感觉。《个性研究杂志》（*Journal of Research in Personality*）报道指出，深爱着对方的情侣互相凝视的时间比其他情侣多30%~40%，而且在被打扰时，他们转移目光的速度也相对较慢。[2]

持久的眼神交流还能让你成为一位更有智慧的抽象思考者，因为自信和有创造力的人比具象思考者能更轻松地整合接收到的信息。甚至在安静不说话的时候，他们也会继续看对方的眼睛。[3]

不幸的是，大多数作家把"眼神交流"描述得像是互相盯着对方的眼球。不是这样的，只要一个男人和一个女人进行正常的眼神交流，即使不用眼睛释放强烈的信息，也可以点燃对方的化学反应。我会教给你一些方法帮助你用眼睛来捕获对方。首先，先生们，你们要……

女人独特的眼神交流

不幸的是，人们对眼神交流有很多误解。一个常见的场景是：一个男孩对一个女孩微笑，而女孩看向了别处。男孩认为她是在拒绝自己。女孩感到很失望。

故事就这样结束了。

大多数西方男性认为，女性把目光移开意味着对自己不感兴趣。他们错了！日本男性就不会这样想。

他们知道，女士微微一笑，端庄地向下看，是举世闻名的一种艺伎策略。害羞地（或狡猾地）把目光垂下是女性求偶的方式之一。

这种眼神接触的策略很早就形成了。如果你看过那幅著名的画作《人类的堕落：亚当和夏娃》(*The Fall of Man: Adam and Eve*)，你会发现人类第一位求爱的男人正看着对方的眼睛，但夏娃却故作端庄地凝视着别处，同时用禁果诱惑着他。

先生们，重要的不是她是否会看向别处——她会这样做的，重要的是她是怎么做的。[4] 当你对她微笑时，如果对方……

（1）谦逊地扫视着地板，就像在欣赏地毯一样。有经验和自信的男人会知道这是女性调情的标准方式，就像是在邀请对方一样。所以，向她介绍你自己吧。

（2）转过头去，平视前方，就像在检查墙上的油漆刷得好不好。她可能在想："嗯，我会在第一次聊天后再对你做出评价。"如果你通过了"聊天测试"，那么你们交往的概率是很大的。去和她聊天吧。

（3）抬头看着上方，就像在检查天花板有没有难看的裂缝。她也可能会翻白眼。在这种情况下，你成功的机会很渺茫。但是，谁知道呢？去试试吧，但前提是你能接受对方有可能拒绝自己。

先生们，这里还有一条线索。在她看向别处后，如果她在一分钟内再次回头看你，那么你一定要继续接近她，否则她会非常失望。

女人们，对抗你们的本能吧

女人们，如果你和大多数女性一样，当一位男士对你微笑时，你故作端庄地把目光移开，那不是你的错。因为在很久很久以前，大自然母亲就是这么设计的。就像如今的男性一样，克鲁马努时期的男性喜欢追逐猎物的刺激感觉。但女性假装的谦逊并没有让他感到困扰，因为不管怎样，结果都是一样的。这个自信的克鲁马努男人会自信地朝她走去。然而，大自然母亲并没有想到现代男性会如此缺乏安全感，把女性眼睛低垂理解为拒绝和放弃。

女人们，那就别把目光移开。凝视着他的眼睛，微笑，放下你手里的书、饮料，或任何其他可能会被惊慌的男人误以为是保护盾的东西。当他距离你很近的时候，先跟他打招呼，你会感觉他明显松了一口气。

眼神交流的策略并非男女通用

男人和女人必须使用多样而复杂的眼神交流策略，以保持化学反应的活跃。下面的2号助燃剂供男人使用，3号和4号供女人使用，5号是两者都可以使用。

打量的眼神

对于有魅力的女士来说，被人抛媚眼就像听到自己的呼吸一样常见。短暂的眼神接触不会刺激她的神经，除非你的眼睛一直盯着她，说些特别的话。你应该这么做。当你发现心仪的女性时，眼睛盯着她的脸，不要带着饥渴的微笑，而是用"打量的眼神"激发她的身体分泌出化学物质。

有一次，我当时不理解发生了什么，但我现在知道了，我是那股快乐情绪浪潮的受害者。在一次宴会上，我向坐在桌子尽头的一位气质高贵的绅士微笑。他显然没有注意到，继续和他旁边的女士交谈。当他温柔地抚摸她的手时，我感到一阵嫉妒，猜测他们应该是情侣。

然后，当我沉浸在失望的情绪中，喝着面前的汤时，我感觉到他在看我。抬头一看，我差点儿把勺子弄掉。他摸着下巴，眯着眼睛盯着我，就像放射科医生在检查 X 光片一样。虽然只持续了几秒钟，却让我感到眩晕。当他的脸上扬起笑容时，我感觉

Chemistry Sparker 爱情助燃剂 2

不要只是看着对方，"打量"你的"目标"

当她注意到你的目光时，不要像许多被误导的男人那样，看起来像伸着舌头喘着气的小狗般微笑，而是像珠宝商鉴定宝石一样仔细观察她的脸，就像是在欣赏她的风度、性格、举止、感情、灵魂，除了外表之外的一切。这位女士想要感受到，她吸引你的不仅仅是美丽的外表。当她看到你在看她时，让你的嘴角慢慢上扬，露出一个思考后表示认同的微笑。

自己好像被人从狮笼里救了出来。如果他太快注意到我，我也不会如此激动。如果当时功能性磁共振成像仪连接到我的身体，那么仪器一定会显示我的大脑回路处于极度活跃的状态。男人们，如果你让她感觉到她赢得了你的认可，她会渴望得到更多的认可。顺便提一句，坐在桌子尽头的那个人就是我现在的伴侣。

女人们，接下来的两条策略是为你们准备的。从某种意义上来说，它们与上述的技巧相反。

顺从的眼神

男性本能上对敌意、攻击性超级敏感。[5]即使你的体型只有他的一半，如果你的眼神极其强烈，男人也会觉得是一种威胁。当他看了你一眼时，直视他的眼睛，但要立刻流露出钦佩和略微顺从的表情。

Chemistry Sparker　**爱情助燃剂 3**

与对方进行眼神交流时，倾斜你的头，抚摸你的脖子

女人们，你们要一直看着对方的眼睛，但稍微倾斜你的头来让眼神变得更柔和。同时，轻轻地抚摸你的脖子。原始本能会告诉他，你在保护自己，因为如果发生流血事件，他知道他能赢过你。这会让他感觉自己就像一个优秀的男人。

你可以运用动物的一种策略，点燃你们之间的爱情火花。当两只狐狸在荒野中搏斗时，输的那只会服从对方，露出脖子，让胜者用刀子一般锋利的牙齿啃咬自己。对于胜者来说，对方展露的这种脆弱会令自己感到兴奋。你可以向男人发出人类版本的"我服从你"的信号。

大胆的眼神

做好准备，女人。下面这些技巧是最顶尖的，只适合勇敢的女人使用。你必须脸皮够厚才能驾驭这些技巧，在第一次交流过程中吸引他。然而，我想说得清楚一点：我并不是在暗示你品行不端，或者不够淑女。我不是在建议你更快和他发生关系，而是你必须用端庄的外表吸引他，这样他才能发现真正的

Chemistry Sparker　爱情助燃剂 4

勇敢地用你的眼睛扫视他的身体

当你们的目光相遇后，让目光开始游移。从他的肩膀开始，到他的胸部，然后在他的腰带上停留一会儿。（勇敢的女人们，你们可以更大胆一点。）从他的上身探索到他的胯部，就像机场安检员用身体扫描仪检查乘客的身体一样。

当你的目光完成探索后，迅速抬起头看着他的眼睛，露出一个表示认可的微笑。

你。投下正确的"诱饵"，然后把对方吸引到你的身边，需要运用两种完全不同的技巧。

不用说，先生们，为了保证你们的人身自由，不要企图对她这样做。你并不想到警局做一份笔录。下一个化学反应点燃器对两种性别都适用，它会让你们在第一次眼神交流时感觉自己仿佛和对方之间存在一种特别的感觉。

爱的眼神

在婴儿出生后的前5年，在他身边的人会对他的爱情地图产生重要的影响。父母的眼神向孩子表达了无条件的爱——看着孩子在婴儿床上睡觉，看着他迈出第一步，看着他第一次摇摇晃晃地骑自行车，给他擦伤的膝盖缠上绷带。当他还是个婴儿的时候，当他的妈妈抱着他，他能从妈妈的眼神里感觉到她对自己的爱。当爸爸做鬼脸逗他开心时，他能感觉到爸爸的宠爱。

你听过"他有一双充满爱意的眼睛"，或者"我能从他的眼睛里看到爱意"这样的说法吗？这是真的。一个人的眼睛确实会流露出这种深层的情感，内心的想法会令你表现出一些生理反应，而你身边的观察者在潜意识里会感知到这些反应。[6] 从生理上来说，你可以用一种自言自语的技巧来向对方的爱情地图靠拢。如果你认为接下来的这个爱情助燃剂过于牵强，我邀请你去看一看情侣一见钟情的视频。当他们目光相遇时，按下暂停键，研究一下这两双正注视着未来爱人的眼睛，你会发现它们的瞳孔稍稍放大了。

Chemistry Sparker **爱情助燃剂 5**

用"家人的眼神"看你的潜在伴侣

保持眼神交流的同时，重复对自己说："我感觉你就像我的家人，所以我爱你。"这会自动放大你的瞳孔，让你的眼神变得柔和，让你的眼睛更具有吸引力和魅力。它模仿了对方在儿时享受到的那种赞美、接纳和无条件的爱。[7]

我之前说过，男人和女人应该用不同的眼神来吸引异性。与运用你的身体、性格和衣服相比，眼神是一种比较保守的技巧。让我们先来看看供男人使用的策略。

男人的钓鱼之旅

搭讪艺术家，简称 PUA，是四处猎艳男人骄傲的自称，他们会四处寻找性感的女人。所以，很多男性误以为"性感"在女性的愿望清单上居于首位，这是可以理解的。男人很难意识到女性的大脑与他们完全不同。记住，她的荷尔蒙会对同情心、自信、体贴、智慧和经济保障等品质产生直接的反应。[8]

"好吧，"你会说，"如果我理解正确的话，当我们开始谈话和约会时，我可以向她证明我具有这些品质。但这和她对我产生化学反应有什么关系呢？我不能走到一位女士面前直接对她说：'嗨，我很有爱心、善良、聪明、富有，可以帮助你发挥全部的潜力，我还可以成为一个好爸爸。我可以请你喝一杯吗？'我是说，她还不认识我呢。"

哦，是的，这有意义！女性看透一个人的能力比男性更强。她一瞬间对你的感知比你盯着她看一个小时感知到的更多。主要原因有三点：

（1）女性大脑中负责输入输出信号的特定皮层中的神经细胞更为密集，因此它们彼此之间的交流，以及与外界进行的微妙交流更多。[9]

（2）女性大脑中的"白质"是男性的 10 倍，白质是她进行思考的地方。这有什么意义呢？白质中的神经细胞间有着更多的连接，并且有一种类似于滑脂管被称为髓鞘的物质[10]。所以，她的大脑信号传递得更快。

（3）女性的左脑（逻辑与分析）和右脑（直觉与主观）之间的联系更为紧密。[11]这意味着，她会把你的每个表情、每个手势、每个音节都放在显微镜下观察，以了解其中的意义。甚至你向酒保索要更多花生的行为也会暴露你的某些性格特点。

在你向她迈出第一步前，她可能已经对你竖起大拇指，或者想把你扔进狮笼里了，所以当她第一眼看到你时，你就必须证明你是一个 21 世纪的成熟男人。

你的行动比外表更具有说服力

假设你在一家单身酒吧，女士们正在偷偷地打量你。（这是一个事实。单身女士会打量每一位走进酒吧的男士。）[12] 男士们，请仔细想象一下你正在做着以下这些事情，然后我们逐步分析你的策略是否会让你看起来很酷。

你穿着体面，在门口停了下来，观察情况，假装没有注意到她。你缓慢地走进酒吧，在你朝吧台走去时，几个男人和你碰了下拳头。然后你跟一个伙伴打招呼，拍了拍他的背。你向酒保要了一杯啤酒，他微笑着和你聊天，两位女士试图吸引你的目光，但都没有成功。然后，一个你认识的漂亮女孩向你走来。你在她耳边低声说了些什么，她笑了起来，你拂去了她脸颊上的头发，把手搭在她的肩膀上，你们继续和朋友们聊天。

你的举动激发了其他女性的快乐中枢（或尾状核），是因为这个大脑区域有一种活在未来的倾向。它会更多幻想即将到来的快乐，而不是享受当下。[13] 女人们会本能地或在潜意识中想象你将在她未来的生命中扮演一个角色。

先生们，让我们来逐一看看你那些超酷的举动。

（1）你穿着体面

女士喜欢穿着体面的男士。她知道在商界，有品位的衣着比破洞牛仔裤会带来更好的印象。

（2）你停了下来，带着友好的表情四处看了一下

这样做让你看起来更友善。如果你看起来性格强硬，大自然母亲会轻推她一下，提醒她："亲爱的，你要小心，未来他可能会残酷无情地对待你和整个家庭！"

（3）你缓慢地走了进来

你的步伐表明你拥有强大的免疫系统。如果你像一只缺了96条腿的蜈蚣一样一瘸一拐地走进房间，你不均匀的步态表明你的身体很虚弱。女人们会嗅到坏基因的气味，就像嗅到冰箱下面死老鼠的气味一样。

（4）你看起来没注意到她

那是一个非常酷的举动，让你看起来并没有在寻找伴侣。

（5）有几个人和你碰了一下拳头

男人需要同事的支持才能获得成功，所以在女性看来，拥有男性朋友是一个加分项。[14]

（6）你跟一个朋友打招呼，拍了拍他的后背

这个举动非常好，展现了友好的统治地位。想想看，员工不会拍老板后背，奴隶不会拍主人的背，而是正相反。换句话说，拍对方背的那个人"地位比较高"。

（7）酒保微笑着和你聊天

他对你尊敬的态度表明你在那里拥有良好的声誉。

（8）两个女人用调情的眼神看着你

如果有别的女人想要拥有你，就表明你更有价值。[15]

（9）一个漂亮的女孩向你走来

"哦，"你可能会想，"其他女人可能会以为她是我的女朋友，以为我不是单身。"先生们，没问题的。你可以给她一点惊吓，因为这会在她的杏仁核中触发恐惧的电化学活动。不过，她反而能从中感受到一种刺激，就像看恐怖电影那样。

另外，如果你正在和一个女人谈恋爱，那意味着你是"被认可的"。这就像是在旧货拍卖会上买一串珍珠，还是在一家有信誉的古董店购买。在旧货拍卖会上，你是在冒险；在古董店里，它们可能是真正的珍品。

（10）你对那个女孩耳语了几句，她笑了

这表明你很有幽默感。在第6章中，你会惊讶地了解到女人为什么喜欢令她们发笑的男人。[16]

（11）你拂去了她脸颊上的一根头发

那是一个绝妙的举动，大自然母亲会告诉她："女孩，这个家伙是会保护你和孩子的人。"

（12）然后你把手搭在她的肩膀上

这是男性版本的"欲擒故纵"。这会唤起女性嫉妒的基因，激发她的竞争心。"里普利信不信由你奇趣馆（Ripley's Believe It or Not）"，或至少"莉尔信不信由你奇趣馆

（Leil's Believe It or Not）"里有这个发现。我是读了这些研究报告，才知道这一点。大多数女性并不介意去做社会学家口中的"配偶偷猎（mate poaching）"。[17]在一项研究中，研究人员问俄克拉荷马州的女性，她们是否会积极追求符合自己愿望清单的男性，59%的人说会。然后他们问这些女性："如果这个男人已经处于一段稳定的恋情中怎么办？"这一次，90%的女性说自己会追求他！[18]

让我们来总结一下。你给了这位女士的快乐中枢一些暗示，让她嗅到了你的成功、良好的基因、幽默感、来自其他男人的尊重以及体贴的品质。然后你激起她大脑中恐惧的电刺激反应。现在，当你接近对方时，她已经完全做好了准备。

Chemistry Sparker　爱情助燃剂 6

不要表现得很"性感"，而是像一个"酷爸爸"

男人，在准备追求一个女人时，你要记住的关键词不是"性感"，甚至不是"英俊"，而是体贴、有远见、善良、聪明、有资本，还有"酷爸爸"。我知道你不可能复制之前的场景，但尽可能加入这些元素，使自己更具吸引力。

微笑不仅仅是微笑

通常当饥渴的男人对一个女人微笑时，他的目的就像狼蛛那样明显。你必须表现得与众不同。当我看到一个十几岁的孩子和他的小妹妹在操场上玩耍时，我发现了一种完美的表达方式。他显然很喜欢自己的妹妹，眼睛几乎没有离开过她。我永远不会忘记，当他帮她爬上不太稳固的攀爬架时，他脸上温暖、保护的表情，我称之为"给小妹妹的微笑"。你可以使用下面的技巧。

Chemistry Sparker 爱情助燃剂 7

向异性露出"给小妹妹的微笑"

让你的想法牵动你的嘴角。当你第一次看到她时，把她想象成一个脆弱的人，你爱她，想要不惜一切代价保护她，就像保护小妹妹那样。你体贴的微笑本能地温暖她的心，让你在"其他那些（向她抛媚眼的）雄性动物"中脱颖而出。

她真的在乎我穿什么吗？

"是的！"对她来说，你穿的衣服展现出你是一个怎样的人。[19]永远不要忽视这个事实：女人会解读她们观察到的每个细节。与你不同，她不会想象男人衣服下面的身体。不论你怎么想，一开始她不会垂涎你衣服下的腹肌。她喜欢健壮的身体，但在亲密时刻到来之前，她更喜欢被遮盖住的身体。[20]

在一项名为"汉堡研究"的研究中，研究人员给女性受试者看一些男人的照片，从长得像汤姆·克鲁斯（Tom Cruise）到连摄影师都不敢与之独处的男人。[21] 这些女性不知道照片里的都是同一个男人，只是有时他穿着西装，有时穿着汉堡王的制服。

很多女性在选择"适合作为丈夫的类型"时，选择了穿西装的男人，没有一位女性选择穿快餐店制服的男人。是的，雄性的"装备"很重要。对女性来说，一位穿着考究的男士比一个几乎赤裸的男人更令她们兴奋。[22]

我曾担任过一艘游轮的巡游总监，游轮上的服务生都是意大利人，看起来很性感。在最后一晚的压轴晚宴上，我们有一个给乘客惊喜的传统。所有的灯突然间熄灭，在乘客因停电而感到惊慌时，音乐声突然响起。一百位性感无比、热情似火的服务生从厨房里走出来，只穿着很小的紧身泳裤，举着点了蜡烛的烤冰激凌蛋糕。

女士们在喝倒彩，女孩们在尖叫，男人们闭上了眼睛，每个人都哈哈大笑。女士们告诉我，她们认为这很有趣，但并不令她们感到兴奋。

相反，男人们，如果你们看到一群美女举着蜡烛蛋糕走过来，你们的眼球可能会跳出来，一动不动。即使你饿极了，你也不会注意蛋糕是什么样。

为什么穿衣搭配协调很重要？

有时候，我的室友菲尔出去约会前，会问我他看起来怎么样。我会温和地说出我的想法，我可不想让他穿着棕色的添柏岚（Timberland）靴子、海军蓝裤子和橄榄色短袖衬衫出门。（先生们，即使外面热得像喷气式飞机的排气口，也不要穿短袖衬衫。它会让你的性感大打折扣，把长袖衬衫的袖子卷起来就好。）

让我们来看看什么是"协调"。不要同时穿黑色的宽松裤子和棕色的鞋子；不要系棕色皮带又穿黑色的鞋子；不要橄榄色的裤子搭配一双黑色的袜子。更可怕的是，不要露出毛茸茸的腿，这会令女士非常反感。

Chemistry Sparker **爱情助燃剂 8**

穿得就像你在参加"成为她的丈夫"的一次试镜

确保你衣服的质量良好、柔软，因为女性比你对触觉更敏感。[23] 注重质量，而不是数量。整洁也很重要。即使有人可能认为，穿着凌乱出门很酷，你也不要与之为伍。当然，你可以穿得休闲，是时尚的休闲，而不是廉价的休闲。

你一定听说过一句话，那就是"女人总会注意到你的鞋子"。这句话在某种程度上是事实。有些人有一种不可思议的能力，能在挤满人的聚会中发现坐在房间另一边的一位男士穿着一双普拉达的鞋。你可以为了吸引异性买一双高品质的鞋子。

"为什么女性会关心我穿什么？"你问道。因为，搭配协调的衣服可以展现创造力、品位和智慧。也许你在想："但是我想要不会在意这些表面东西的女人。"别那么肯定！即使是咖啡店的女服务员（她从来没有离开过出生的小镇），也会强烈地感知到你衣服的品质。

如果你的预算不多，也不要担心。计算一下，几件优质衣服的总价可能只有你现在所有衣服的四分之一。和女性不同，你可以经常穿某一件衣服——只要你定期清洁。

最后一个有趣的话题：在约会结束时，问"去你家还是我家？"，在这之前，你有一个艰难的决定要做：穿平角内裤还是三角内裤？高衩三角内裤还是传统三角内裤？普通平角内裤还是低腰平角内裤？彩色三角内裤还是白色三角内裤？

以下结论没有相关研究的支持，但"朗兹博士（Dr. Lowndes）研修班的参与者官方调查"的结果显示，女性更喜欢男士穿质量好、低腰白色或黑色的三角内裤，但开衩不要太高。

女人的寻爱之旅

女人们，现在轮到你们踏上狩猎之旅了，在同一个寻爱酒吧。让我们假设一下，因为你非常漂亮性感，你知道男人们会像海鸥争抢面包屑一样扑向你。当然，你不会希望一个老男人凑过来问你："像你这么漂亮的女孩怎么一个人？"你值得吸引来一位绅士。所以，为了吸引到更优秀的男性，你需要摆出淑女的姿态，优雅地跷起你的腿。哎呀，你的裙子翘起来了。几个男人朝你这边看了一眼，你害羞地低头看。一个英俊的男人对你微笑了一下，你赶快把裙子往下拉了拉，以免他认为你很廉价。当你再次抬起头时，他正在和一个浓妆艳抹比你丑的女人聊天。

另一个帅哥瞟了你一眼，当你故作端庄地整理衬衫时，他又转过头和他的伙伴聊天了。十分钟过去了，有几个男人朝你微笑，你心里甜甜的，害羞地把目光移开，等待着他们走上前来。

但什么也没有发生！为什么没有一个人过来和你打招呼？没有人提出要请你喝一杯。你想："如果我躺在地板上喘着气，快渴死了，或许也没有人会在意。"你认为酒吧里的这些男人要么眼瞎了，要么是同性恋，要么是有一个容易嫉妒的女朋友。

哪里出错了？

没有人靠近你，是因为当你坐下时，你看起来像是贴着

"私人财产"或"禁止入内"的标志。当一位绅士向你瞥了一眼，你运用了老式的策略。当另一位偷瞄了你的膝盖时，你马上把它们遮起来。然后，你谨慎地重新整理你的衬衫，男士们就看不到你迷人的领口了。

你难道会认为一个男人对他的朋友说："嘿，兄弟，你觉得我应该去和那个一本正经的女人搭讪吗？"我想对这类女人们说："女孩，你必须改变你吸引异性的风格！"所有的研究都证明了这一点：如果你想选择优质的伴侣，那么就要表现出你的友好以及积极主动。

"接受挑战的美人"如何进入"十强"

女人们，前面我们提到过外貌的重要性。因此，我们常常假设，大多数男性在派对上看到一位漂亮的女士和一位相貌平平的女士时，都会接近前者。但事实并非如此！

研究人员采用一种常见的1~10级美貌测定法，他们让具有一定吸引力的年轻女性去单身酒吧，与她们不认识的男性公开调情。在这个过程中，研究人员会敏锐地观察、认真做笔记，记录各类男性接近哪一类女性——是比较漂亮性感的女性还是长相一般的女性。这项研究的结果是什么呢？

如果你很友好，而且看起来有些卖弄风情，那么男人更倾向于接近你，而不是房间里最漂亮的那个女人。或许你不相信我的话，让我们来看看几十项相关研究的结果吧。对于单身女孩来说，它们非常令人激动。[24]

男人的大脑就像一个延时开关

当你在街上发现一位心仪的男士时，你会在瞬间感觉到火花。当然，如果这位女士符合他的爱情地图的话，这位男士也能感觉到火花。也许她恰好拥有唤起令这位男士愉悦的潜意识联想的面孔、身体和DNA。如果你不是命中注定的那个人，也不代表你完全输了。你仍然可以让他大脑中的电压暂时达到峰值，但他会发誓说那是"瞬间"的火花。

为什么呢？因为男性神经中的"瞬间"比你的时间更长，他们的神经传递速度较慢，而且他们大脑的灰质中缺乏润滑的髓鞘。对你来说，他对于人与人之间的微妙关系反应迟钝是一个好消息，因为你有时间在他的"瞬间"到来之前按下他体内的开关。你可以通过做一些具有暗示性的事情来改变他的状态。

姐妹们，我猜你们见到男人后最感兴趣的不只是性，更可能是一段亲密关系。你希望他对你这个人感兴趣，而不是仅仅把你当作一个性对象。当然，他最感兴趣的是性！所以你为什么不做他期望你做的事呢？还记得白金法则吗？不要用你感兴趣的方式接近他，而是用他感兴趣的方式接近他。换句话说，用美丽的外表来吸引对方，然后用你真实的内在品质来俘获他。

对于女性来说，情况恰好相反。当我们喜欢一个男人时，如果认识到他的优秀品质，我们会对他更感兴趣。而对男性来说，首先是性兴奋。现在，让我们先来谈谈这点，之后我们再扭转他对你的印象。稍后我会教给你一些技巧，让他知道你绝不只是一个性对象，我还会教给你很多赢得他尊重和爱的方法。

用于捕获优质男性的"狩猎装备"

看了第2章关于"身体部位"的段落，你可能认为我会建议你穿得性感一些。

绝不是这样！我的奶奶在我十几岁时说的话至今仍适用。

有一次，当我骄傲地旋转着，炫耀我的超短裙时，她拉着我的手告诫说："莉尔，这个世界上有两种女孩，一种是适合结婚的以及'另一种'。"听到这话，我对她翻了个白眼。

这么多年过去了，我欠她一个道歉。所有严肃的研究都证明她所说的话多么有智慧。不过，研究人员不像奶奶那样，把那类女孩说成是"另一种"，而是把她们称为"运用短期求偶策略"或"极慷慨"的女性。[25] 是的，我需要在字典上查查这个词。"慷慨"的意思是"大方的""愿意送礼物的"。当男人们看到她的浓妆，穿得那么少时，他们就心知肚明她在哪方面比较"慷慨"。

在派对上或商场里，我们都见到过男人对这些"运用短期求偶策略"的女人垂涎三尺。

但没有哪位男士会邀请一位化着埃及艳后般妆容、穿着暴露的女人参加公司的圣诞派对。所以，妆化得淡一点，然后把那些布料特别少的衣服扔掉吧。它们虽然给你带来大量的关注，但不是有质量的关注。

我告诉男人们要穿着有品质、时尚的衣服。那么你呢？男人会对此做出评判吗？绝对不会。对于他们来说，你衣服搭配得是否协调、价值多少、你的穿着反映了你内心深处的何种特质、你赚多少钱、你的穿着是否预示着你们的未来，简直像一套数学演算那么复杂。一项与"汉堡研究"类似的研究发现，穿着各种服装的女性，男性都会考虑，不论是名牌服装还是廉价女装。[26] 男性总是会选择漂亮的女性，即使二手服装商店都不愿意接受她们的衣服也没关系。你穿什么并不重要，重要的是如何使用你的衣服，接下来我就把这些技巧告诉你。

忘记时尚，想想如何吸引他的注意力

当然，你在运用以下技巧的时候，要结合你的个性、出现的场所、阶层以及对方的心态。但是，不要在你觉得"方便"的时候再运用这些技巧，否则我保证你不容易找到方便运用这些技巧的时机。以后你有足够的时间来证明自己不是一个轻浮的女人或者"那种女孩"。但如果你想和他保持长期的联系，你必须在第一次谈话时就开始运用这些技巧。

男人不会注意你的衣着，但他肯定会注意你身体裸露的部分，这时候就要运用"可调整服装"的技巧了。

打扮得保守一点，穿那些你可以进行调整的衣服，以便于向目标男士露出多一点的肌肤。比如你可以穿一条长裙，适当的时候向上提起，露出光洁匀称的小腿。顺便说一句，当你这样做的时候，有一个模特常用的小技巧可以让你的腿形变得更好看。跷起二郎腿，用下面腿的膝盖顶上面腿的小腿。试试看，你就会明白我的意思了。

当一个男人只是和一个有魅力的女人聊天，他的睾酮会激

Chemistry Sparker　爱情助燃剂 9

不要穿暴露的衣服，穿"可调整"的衣服

　　不要露出胸部或大腿根部，这会让附近的男人目瞪口呆地盯着你看。相反，你可以穿看起来比较保守的衣服，根据你想要实现的效果，向你的目标对象展示他感兴趣的事情。让对方明显感知到，你做出的小小裸露仅仅是为了让他获得视觉上的享受。

增三分之一，所以你能想象当你轻轻调整自己的衣服，露出多一点的肌肤时，他的睾丸激素会如何暴增吗？你的一些小动作都会激起他的一些小火花——所有这些举动加起来就会点燃他巨大的火花。

　　顺便说一下，这里有一条来自神经解剖学的注意事项：不要在偏离他正面向左或向右40度的区域做这件事情。男人视网膜上的感受器和视锥细胞较少，因此他的周围视觉范围较窄。[27]想吸引对方时，尽量站在他可以直视的区域。

为认真捕猎的女人们准备的爱情助燃剂

　　我是在大学里了解到这个神奇的爱情助燃剂的，不是在课堂上，而是从搬进我宿舍的一个娇小的棕发女孩那里学到的。香农性格甜美，但很腼腆，是那种很安静的女孩，所以当校园里的大红人卡森（他只跟火辣的女孩约会）爱上她的时候，我们都惊呆了。

一个周六的深夜，香农约会结束后回到宿舍，我们走进共用的浴室。香农刚刚脱下她的裙子，露出了紧身的黑色蕾丝吊袜带、长筒袜！我倒吸了一口气，她感到很尴尬，用一条毛巾裹住自己，匆匆回到了自己的房间。

我坐在淋浴椅上，费劲地脱下我的紧身连裤袜，我立刻意识到卡森眼中的她是什么样的。她是那种他会自豪地介绍给家人的女孩。但实际上，香农显然比他之前任何一个火辣的约会对象都更加性感。

我觉得这很酷，于是努力和她成为朋友，看看我还能学到什么。有一次，在去吃午饭的路上，我们经过一家维多利亚的秘密内衣店，我问她是否要进去看看。

"为什么，莉尔？"然后我就拿她那性感的内衣开玩笑。

"你想笑就笑吧，"她说，"它很有用。"

"我相信它是有用的，香农。你就穿着性感的内衣大摇大摆地走在校园里，让男生们欣赏吧，哈哈！"

"不是这样的！"她觉得受到了冒犯，说道，"我非常在意谁能看到它。事实上，我就是这样认识卡森的。"她环顾四周，放低了声音，"我知道他总是在学校食堂吃午饭，所以有一天我坐在他对面的另一张桌子边。然后，我假装无意间把吊袜带的部分露出来，自然而然地，他看了过来。当他看过来时，我向他眨了眨眼，然后把吊袜带遮好。当然，后来他走过来跟我打招呼。"

"香农，你是在开玩笑吧！"

"不，我很认真！"

"你真是个厉害的女人！第一次见到你的时候，我还以为你很害羞呢。"

"我并不总是那样。"她害羞地说。

姐妹们，这一切都是为了让异性看到性感的禁地，特别是如果你让他知道，这是特意为他准备的。在 19 世纪晚期，穿着拖地长裙的聪慧妇女会不经意地露出脚踝。对于现代的你来说，你需要把裙子提到膝盖以上。许多男人告诉我，他们发现偷看通常被隐藏起来的部位更令人兴奋。有目的地露出黑色吊袜带的一部分，这表明："我可能看起来比较保守，但私底下，我只会为了你而变得性感。"

Chemistry Sparker　爱情助燃剂 10

外表看起来要端庄，但偶尔可以露出一些性感的东西

当你对这个男性不感兴趣时，把你的身体转开，把你的裙子拉高一点，扣好衬衫的扣子。但当你发现理想中的男性时，露出一些性感的部位吧，比如蕾丝内衣的顶端，这会让他对你更有好感。

我从香农那里学会了另一个技巧，那就是在你小小的裸露表演中加入一点幽默的元素。露出微笑让对方明白："我知道你在关注我，我很开心。希望你也是。"在自我展示的时候眨眼非常有效。这个动作巧妙在，接下来你可以说："什么眨眼？我的眼睛里进了东西。"（你的眼里确实进了什么——就是他。）

给女人的一个小贴士

凭良心说，我不太赞同使用这个技巧，但确实有证据证明它是有效的。我想再次重申，无论如何你不能让男人觉得你很廉价。但是你可以和大自然母亲一起合作，迅速捕获异性的心。在一次约会研讨会上，一个聪明的女孩想出了一个巧妙的小技巧。

在休息时间，有几位男士围着一位名叫布里塔妮的年轻女士。她很镇定，谈吐得体，穿着一件丝绸高领衫和中长裙。她看上去一点也不廉价。我还记得我很高兴我的男学生们有着不错的品位。

当重新开始上课时，我要求参与者将他们的名牌贴在右肩上更高的位置，这样我从讲台上就能看到他们的名字。这时，我注意到布里塔妮丰满的胸部——不是很大，但有两点突起。

课间休息前，我让大家在一张卡片上写下自己认为能吸引异性的技巧，在征得他们的同意后，我就可以读给全班同学听。当我看到布里塔妮的卡片时，我惊讶得下巴都要掉下来了。我抬头一看，只见这位端庄的小姑娘正咧着嘴傻笑。她抿紧嘴唇向我示意："嘘，这是我们之间的秘密。"我大笑了起来，把全班的学生都搞糊涂了。

先生们，请跳过以下内容。这只是给女士们的一条时尚小贴士，也是布里塔妮在卡片上所写的内容。

我把卡片藏了起来，全班同学都不知道我为什么会笑。

Chemistry Sparker　爱情助燃剂 11

"修改"你的内衣

"莉尔，如果你要在课堂上把以下内容读出来，请不要提到我的名字，但我知道一个神奇的方法。每次我在去某个可能会有不错男士的场所前，我会选择保守的衣服，但会修改我的内衣。"

比小说更奇怪的事

体香，并不是人体所产生的一种香气。其实，每个人都能分泌一种激素，形成自己独特的气味，通常我们称为体香。当女性处于排卵期时，大自然母亲还会让她们散发出更具有吸引力的气味。[28]

拿破仑在写给约瑟芬的著名情书中，提到和她在一起自己会感受到"令人陶醉的快乐"。在其中一封信中，他哀求道："我将在三天之内抵达巴黎，不要洗澡。"

这个爱情助燃剂听起来可能有点愚蠢，所以可以只把它作为一个暗示。如果你穿了一件无袖上衣，抬起你的手臂，假装在整理脑后的头发。如果他离你太远了，闻不到你的费洛蒙，但这会唤起他甜蜜的潜意识记忆：他的鼻子曾经蹭到过这个平时看不见的女性领地。

排卵期的走路姿势

在 17 世纪，一位名叫凯瑟琳的年轻人委托一名鞋匠制作了一双后跟很高的鞋子。穿上这双鞋子后，她的背和胸部向前挺，臀部向后翘起，走路时左右扭动。（并非巧合的是，凯瑟琳在 14 岁时成功地吸引了未来法国国王的注意。）玛丽莲·梦露也很重视臀部的扭动。据传闻，她把所有细高跟鞋的其中一只后跟截短了，以便让自己在走路时左右扭动。

然而，我们指的是另一种步态，它比扭动的步态具有更微妙的性吸引力，最恰当的描述是"如波浪般起伏，非常和缓的大步走"。一项名为《生理周期间的步态差异及其对男性的吸引力》的研究表明，女性在排卵期内，会不知不觉打扮得更有挑逗性，走路的姿态也更性感。[29] 大自然母亲知道这种姿态的力量，所以让处于排卵期的女性用这种方式行走，以此向男性发出信号："是时候对我采取行动了。"

♀δ Chemistry Sparker　爱情助燃剂 12

当他在看你的时候，用排卵期的姿势走路

下次当你处于排卵期的时候（大约在两次经期中间），注意一下你走路姿态的自然变化。或者看看高级时装模特穿着高跟鞋在 T 台上走秀的视频，然后练习、练习、再练习。不过不要在工作时这样走路。只在"特殊场合"使用这个技巧，比如当优质的男性看着你的时候。

女士们，不要对前面我提到的技巧感到震惊。在第 5 章中，我将向你证明，如果你经常运用我建议的方法有策略地接近异性，如果他不太记得住细节，而且具有较强的男性自我意识，那么他会认为是自己主动接近你。事实上，有证据表明，无论是通过一个微笑、一个诱人的眼神，还是第一次打招呼，三分之二的婚姻一开始都是由女性主动采取行动的。[30]

显然，你应该根据对方的情况来考虑使用哪些技巧。有些技巧会令经济实力普通的人感到兴奋，却会让优雅或家境殷实的人感到厌烦，反之亦然。但即使你的潜在伴侣处于男性的顶端，你也可以用有效的微小技巧来增加你们的生活情趣。

Chapter 4

在网络社交中寻觅爱情

在网络约会刚刚兴起时，有少数先驱者开始秘密地沉溺其中，如果被别人知道自己在网络上认识异性，他们会觉得这是一种羞辱。在网络恋情刚出现时，我问过一对幸福的夫妇他们是在哪里认识的。他们焦急地交换了一下眼神，那位妻子紧张地说："嗯，那是，呃，嗯，在……"她的丈夫思维敏捷，捏了捏她的手，轻松地说："哦，我碰巧看到了她的照片，然后我马上知道我必须和她见面。"他没说是在哪儿看到的她的照片！如今，网络约会已经成为寻找真爱的标准途径之一，大多数约会都源于网络。如今的孩子长大成人后可能会问："单身酒吧是什么地方？"

如果"网络约会"这个词让你感到尴尬，那么让你的海马体消除这个词的负面含义吧。约会网站上并不全是骗子。数百万的单身、离婚者、丧偶者都像你一样在真诚地寻找爱情，也许你只需点击一下鼠标就能找到理想的他／她。

个人简介的写法在网上随处可见，我保证我提供的信息很少在其他地方出现过，所以我将主要谈谈你的照片，因为第一印象很重要。

网络上成功的男性求爱者

先生们，女人们通过手机观察屏幕上你的脸，想知道你是什么类型的男人，她会从你的脸上解读出很多信息，所以上传一张能展现你个性的照片，而不是仅仅展现你的帅气。如果她最在乎的是智慧，那么她想在你的眼睛里看到智慧；如果她看重幽默感，那么她想在你的脸上看到微笑，而不是一张做鬼脸的照片。在一项"事实比小说更离奇"的研究中，研究人员发现，女人竟然可以通过看一个男人的脸来确定他是否想要孩子！[1]

剪个好发型可以为你增添吸引力。你不需要找一个收费很昂贵的发型师，但也别找你的邻居理发师来帮你理发。《社会行为与人格杂志》发现，对男性来说，眼镜可以加分。[2] 当被问及原因时，女性回答说："戴上眼镜后，他看起来更聪明。"女性对眼镜的好感不止于此，它也是一种"时尚配饰"。你的镜框时髦吗？这可以反映你是不是一个时髦的人。还有你的眼镜是否适合你的脸型，这也能表明你是否足够聪明，是否能在生活中做出正确的选择。

当然，你的皮肤必须向对方展示你拥有优秀的基因。先生们，你们可能会想"你一定是在开玩笑"，但请继续读下去。

为了向她证明你拥有一流的基因，你可以走进药妆店，来到化妆品货架，购买一种名为"遮瑕膏"的产品。在给自己拍照前，先锁上卫生间的门，在痘痘、皮疹、毛细血管破裂、口腔溃疡、粗大的毛孔或其他任何瑕疵上涂上遮瑕膏。（难道你认为有哪位新闻主播、演员或摇滚明星在面对镜头或人群时，不会化妆吗？）

上传四张照片是最适合的。如果数量太多，会显得你很自负；如果较少，女人们就无法获取足够的信息来做出慎重的选择。最后要提醒一句：千万不要在浴室的镜子前自拍，因为那像是在说："我在这个世界上连一个愿意给我拍照的朋友也没有。"

男性照片中的着装

先生们，你们的服装展示了你未来伴侣可能面临的生活方式。她即将挽着的是一位西装革履的商业大亨，一位穿着手术服的外科医生，一位穿着足球制服的运动员，还是一个穿着牛仔裤喜欢玩乐的家伙？给这位女士一点幻想的线索。

"人很好的普通人"可能是最好的形象选择，如果你想呈现这样的形象，请遵循第3章中关于服装的指导原则。你的"整套衣服"应看起来搭配得恰到好处，也许可以有点昂贵。先生们，这取决于你们的年龄和生活方式，穿西装拍照不会破坏你的形象，这会让你看起来更成功。

是的，先生们，你们在个人资料里"工作"一栏填写的内容非常重要。[3] 为了不吹牛皮，除非你对所有事物都极其感兴趣且擅长，否则不要把它们都写上去。一些人告诉我，除了工作，他们还在这一栏填写了一个通用类别（例如商业、艺术等），而且在他们的描述中，他们在这个领域取得的成就比在实际工作中取得的更多。

一些帅哥可能会问："拍一张上身赤裸的照片，展示我的肌肉和健美的腹肌怎么样？"不要这样做，这显得过于廉价。你的肱二头肌可以展示你在健身房所取得的成就，但她对你在生活中取得的成就更感兴趣。她更希望自己未来的孩子有一个聪明的爸爸，而不是一个肌肉发达的爸爸。

男性照片中的背景

你可能没有注意到，但是女性会仔细看你照片背景里的每个细节，你所处的环境可能会左右她的决定。[4]你的户外照片背景是什么？一辆破旧的卡车、一辆摩托车、一辆斯巴鲁还是一辆奔驰？室内照片的背景又是什么？对于一些挑剔的女性来说，背景是窗帘、百叶窗，还是不带窗帘的窗户，都会左右她们做出"点击"或"不点击"的决定。看到背景后，她会思考："我想住在那里吗？想坐进那辆车里吗？"

第二张照片里有一位女士也无伤大雅，但前提是她非常漂亮，比如你的母亲，或者朋友。一项名为"有一个外表迷人的伴侣对他人印象的影响"的研究证实，当一个男人身边有一位耀眼的女人时，人们会认为他更富有、更有成就、更帅气。[5]如果你决定上传一张这样的照片，那么请确保照片拍到这位女士的整个人，而不是只露出她身体的某部分。我看过一些男士上传的相当糟糕的照片，照片上女人挽着他的手臂，但她身体其余的部分被裁掉了。看到这样一张照片，女性在潜意识里会担心自己成为下一个被你裁切掉的女人。

唉，这些温柔的女士会解读她们看到的一切。

网络上成功的女性求爱者

女孩，假设一位男士给你发了一条很酷的消息，你回了一条更酷的信息。你们互相发了一些信息后，你计划和他见面聊聊。到目前为止，一切都很好。你的脑海中闪过浪漫的画面，或许还想象自己跳起了"永远快乐地生活下去"的舞蹈。

但先暂停一下。如果他不喜欢你的网络形象，未来你的生活中就不会出现这些令人愉快的场景。对于女性来说，照片是最能吸引男性进一步查看你资料的因素之一，相信你们都知道这一点。[6]我唯一的建议是，确保你上传的是最近的照片，并且比较接近你本人的样子。我之所以提到这一点，是因为在我的一次亲密关系研讨班上，一位男学生告诉我，当他在一家餐厅等待与网络对象约会时，一位与这位女士照片有点相似的女性走进了餐厅，他还以为是她的母亲为女儿未能赴约来道歉的。其他男士会意地大笑起来，显然，他们也有过类似的经历。

有一段时间，我经营着一家模特经纪公司，女孩们教给了我两个很棒的拍照技巧。首先，这些世界上最常拍照的女孩会在摄影师按下快门的间隙闭上眼睛休息几秒钟，重新睁开眼睛后，她们的瞳孔会放大，看起来更有魅力。其次，专业模特不会在按下快门前突然收腹。她会首先深吸一口气，让自己看起来苗条一些，然后收紧腹部的肌肉，挺起乳房，让自己的身材看起来像一个"沙漏"。

女人们有时会问我："我应该雇一位专业的摄影师吗？"我的回答是，不需要。如果你要拍结婚照或商务照片，可能需要一位专业摄影师，但网络约会的个人照片并不需要。如果你想花钱让照片里的自己看起来更漂亮，那可以在当地请一位化妆师，告诉她你想在拍照时看起来自然一些——上镜妆和约会时的妆容完全不同。

有一次，在为一个广播节目拍摄封面前，我的一位客户雇了一位名叫西蒙娜的法国化妆师为我化妆。在明亮灯光的照射下，我在椅子上坐了一个小时，化妆师交替使用化妆刷，各种各样的笔，还有一罐罐化妆品，我非常好奇。我问她我能不能照照镜子，西蒙娜摇摇头。我以为她在开玩笑，偷偷把柜子上的镜子拿了过来。看到一张化了浓妆的恐怖面孔后，我倒吸了一口气。西蒙娜拿走了镜子，喃喃地说："这是专为拍照化的妆。在照片里看起来会完全不一样。"她说得太对了！后来我拍的几张照片是有史以来看起来最好、最自然的。

女性照片中的衣着

男人不会分析你的衣着，除非它太暴露或太死板，否则不用担心。我将给你一个小贴士，它来源于《人格与社会心理学杂志》（*Journal of Personality and Social Psychology*）。在一项研究中，研究者向男性展示了穿着各种颜色衣服的女性照片，然后向他们提问：

"先生，你想吻哪位女士？"

"你想和哪一位发展关系？"

"你愿意在哪一位身上花更多钱？"

对于这三个问题，男士们的回答中出现次数最多的女士穿的都是红色的衣服。[7]为什么呢？从生理上来说，这种炙热的颜色会刺激人心跳加快、呼吸加重。所以，上传一张身穿红色衣服的照片，过一会儿再看看你的收件箱。如果你没有红色的衣服，红色的背景也可以起到同样的效果。

女性照片中的背景

除非你住在监狱里，或名声不好的房子里，或身边都是比你漂亮的女人，否则不用担心照片的背景。在这三种情况中，最后一种是最糟糕的。在观看一系列女性照片时，如果前一张照片里的女性更有魅力，那么男性会认为之后的女性没有之前那位有吸引力。[8]同样，如果与你同框的某一位女性比你更有魅力，男士就会觉得你没有那么吸引人。事实上，除非你是和不太漂亮的女性在一起，否则不要上传有其他女性的照片。为什么要让男士把自己和其他女性做比较呢？

Chemistry Sparker　爱情助燃剂 14

拍照小贴士：穿红色的衣服；化一个上镜的妆容；为每一种"特殊兴趣"拍摄一张照片

在按下快门前，短暂地闭上眼睛，让瞳孔放大；呼气，收腹。第一张上传穿红色衣服的照片，再上传几张看起来随意但保守的全身照——确保腿控、胸控或臀控们能看到吸引他们的东西。现在，化好专业的上镜妆，你将会拍出一些可能改变你人生的照片。

照片的数量和拍照姿势

男性会开玩笑说自己是"胸控""臀控"或"腿控"，你可以实现他们的全部愿望，我们可以把这称为"特殊兴趣"。在其中一张照片里，你可以优雅地把裙子撩到略高于膝盖的位置。

在另一张照片里，拍摄头部到腰部的上身轮廓，不要露出乳沟。第三张照片从背面拍摄，把臀部拍进去，但脸要回过来朝着相机。再加上几张面部特写照片，就面面俱到了。

一个狡猾的小贴士（适用于两性）

如你所知，在整个自然界中，对称的昆虫、鱼类、鸟类、爬行动物、两栖动物、无脊椎动物或类人动物会被同类认为更具有吸引力。

除非你拥有罕见的对称基因（仅占全部人口的 0.001%），也就是说你的脸是完全对称的，否则把镜头稍稍拉远一点。这样，对方就不容易看出你脸上微小的不对称了。

Chemistry Sparker 爱情助燃剂 15

用"镜子法"美化你的外表

先拍一张你的全脸照片。在电脑上截取你的半边脸，然后把它复制翻转到另一侧，你会惊讶地发现对称的你看起来有多美。这是在骗人吗？嗯，但有一半是真的！

作为一个忠于事实的人，对于分享以下内容我有些犹豫。但只要懂一点电脑技巧，再加上一点厚脸皮，在网络上你就可以与任何一个面部完全对称的人竞争。

你可以这么做。

你的网名

如果一位神经学家在戏剧《罗密欧与朱丽叶》试镜时坐在莎士比亚旁边，听到了这句台词"名字能代表什么？玫瑰换个名字还是一样芳香"，他会大喊道："这是错的！"这位神经学家是对的。如果我们把玫瑰的名字改成"肠胃胀气"，它闻起来还一样芳香吗？

当你的名字出现在电脑屏幕上的一毫秒内，异性们的海马体就会运行它庞大的记忆库，看看你的名字是积极还是消极，或是中性的意义。

如果你认为名字不会影响你的吸引力，那么设想一下以下的情景。男人们，假设你的一个朋友告诉你，你可以和一位叫霍滕斯的女士或一个叫希瑟的女士相亲，你会选择哪一位？女士们，在看到本人之前，如果你们必须在博斯沃思和布拉德之间做出选择，你们又会选择哪一位？我打赌你们都会选希瑟和布拉德。

为了证明"名字能代表什么"，研究人员在大学公告板上贴了一张海报和六位女孩的照片，宣布即将进行一场选美比赛。[9]

每张照片下面都写了一个名字，但并非这些女孩的本名。六位女孩都非常有魅力，学生们必须投票给其中一位，最终选出一个冠军。然后，他们在另一所大学用同样的照片重复做同样的研究，但是把她们的名字打乱了。平均结果如下：名叫希瑟的女孩获得 59 票，名叫珍妮弗的女孩获得 52 票，凯茜获得 47 票，格特鲁德和哈丽雅特都各自得到 14 票，而可怜的埃塞尔只得到 11 票。平均有 158 票投给了名字很吸引人的三位女孩，39 票投给了其他女孩。

相比来说，女士对男士的名字更挑剔，她们更喜欢前辅音重读的单音节名字。[10] 像柯特（Curt）、德克（Dirk）、格兰特（Grant）、肯特（Kent）、纳什（Nash）、皮尔斯（Pierce）和特洛伊（Troy）这样的名字，会给女性带来轻微的电化学刺激。如果你是迈克尔（Michael）、克里斯托弗（Christopher）、丹尼

Chemistry Sparker **爱情助燃剂 16**

选择一个真实，与你的气质相符的网名

不要试图编造一个网名来表现自己的聪明可爱。女人们，给自己起网名的时候要像给未来女儿起名字一样花心思。你最喜欢的名字已经被别人注册了？没关系。只要在它下面添加一道下画线或加上一个符号就可以。

尔（Daniel）、约瑟夫（Joseph）或罗纳德（Ronald），就把它们
改成迈克（Mike）、克里斯（Chris）、丹（Dan）、乔（Joe）或
罗恩（Ron）。

先生们，如果你们的年龄在 35 岁以上，就反其道而行之。
对于较年长、阅历丰富的男性，女士更喜欢双音节的名字，因
为听起来更优雅。

男人们也是一样，但要避免使用像曼森（Manson）或邦迪
（Bundy）这样的名字。你不希望女人们看到你的名字就联想到
杀手吧。

你喜欢她的照片吗？你对他的资料是否印象深刻？现在是
时候开始做计划了。首先，我必须向数百万被误导的女人们表
达我的同情，因为她们正受到一种口口相传的观念的困扰。在
她们的印象中，对于人类这个物种来说，必须是男性先发信息
给女性。绝对不是这样。在网络约会刚兴起的时代是那样，现
在我们该看见新时代的曙光了。

你的第一条信息

在约会网站上给有魅力的异性发过信息的人，想必都经历
过一种痛苦——写作障碍。我能感同身受，因为写作比写你自
己要困难十倍。在输入"嗨""哈啰""嘿""哟""最近怎么样"
之后，你的手指就僵住了。我很喜欢这个人的照片和资料，但
我该对他 / 她说些什么呢？

　　为了寻找这个问题的答案，我在网上发起了"如何在第一条信息中展示自己"的调查，结果获得了 3.33 亿次点击量。大多数建议类似，比如用积极乐观的口吻，检查拼写是否正确，展示你的幽默感，提到你们之间的共同点，告诉对方你的爱好和兴趣，你在音乐、电影或歌曲方面的喜好。

你心仪的异性究竟对谁感兴趣？

　　当然对你很好奇。但是，她对谁更感兴趣呢？是的，她自己。他最喜欢听谁的故事？当然是他自己。所以，让你的开场白围绕对方最喜欢的主题。事实上，要尽量避免使用"我"这个词，尽可能多用"你"或"你的"开头。当你在邮件中像撒盐和胡椒粉一样反复加入"你"这个词时，阅读者会感觉这种味道令人无法抗拒。先生们，赞美她的优点；女士们，称赞他的风度。有多少人会在阅读关于自己的信息时点击"删除"呢？

　　销售行业中有句经典的话，"如果你在讲述，你就不是在销售"，这句话也适用于此。你不需要进一步推销自己，因为对于最初的接触来说，看你的照片和个人资料已经足够了。对方会想象和幻想你最吸引人的地方。

　　这就是网络约会公司能持续经营的原因。

谈论你从字里行间读到的东西

比谈论对方的具体特质更撩人的是，只有你能从他资料的字里行间读出那些隐形的辉煌。再仔细梳理一下对方的资料，感受一下他的内心世界，而不是所有人都会关注的外表。告诉她，你感受到了她的创造力、温柔、善良和诚实；告诉他，你感受到了他的正直、可靠、忠诚或领导才能。

这不仅仅是猜测。《社会问题杂志》（*Journal of Social Issues*）进行了一项名为"你能看到真实的我吗？"的调查，在互联网上发送关于对方"真正的自己"的话语，研究证实了发送这类话语收到回应的概率更大。[11]

Chemistry Sparker　爱情助燃剂 17

先放下外表，写一写对方的内在品质

用"内心"阅读对方的资料，然后告诉她，比如从她的文字中可以看出她的坦率和温柔；告诉他，你能感觉到他自信而有深度，他的幽默感深深地打动了你。

你心仪的异性会钦佩你的洞察力和良好的品位。而且你的话语证实了他们一直以来的想法——他们是特别的、很棒的人。他们想要认识肯定自己的人。

在点击发送前，再次检查你的信息。如果你写的内容也可以发送给其他男士或女士，那么你会错过对方。删掉那些，重写一份。

来自一个丑陋男人的美丽小贴士

虽然下一个爱情助燃剂同时适用于男人和女人，但它对女性更有效。在戏剧《西哈诺》(*Cyrano de Bergerac*)中，美丽的罗克珊没有看到对方的长相就爱上了一个男人，但这个男人长相很丑陋。在她的阳台下，这个男人是这样描述亲吻的："那是一种渴望获得认同的愿望，是动词'爱'的周围那一圈玫瑰色的光晕。"[12]

Chemistry Sparker 爱情助燃剂 18

用同义词词典为你的信息增添魔力

不要使用常见和不受欢迎的词。如果你想告诉对方她的资料"很有趣(interesting)"，那么搜索一下同义词，然后把"有趣"换成"迷人(enchanting)""吸引人(engrossing)"或"新奇(intriguing)"等词汇。

女人们，告诉他，他的信息迷住了你(mesmerized)，给你留下了深刻印象(impressed)，或者深深吸引住了你(captivated)。使用那些不太常见的词汇和表达情感的方式，表明你比其他那些老套的网络寻爱者特别得多。

　　每个女人内心都有一个罗克珊。如果你喜欢美丽的脸蛋，要知道她更喜欢好听的话语。语言能创造奇迹，尽管你可能不想像西哈诺那样诗意地说话，但你可以从他的话语中得到一些提示，使用一些更美的形容词。你只需要在电脑上查一查有没有更美的同义词，来加深对方对你的印象。

　　现在，书面的爱情助燃剂已经介绍完了，接下来，让我们来实际应用它吧。

Chapter 5

如何让他对你一见倾心

在注视和吸引结束后，真正通往亲密关系，从"嗨""哈啰""你好"开始。这几秒钟决定了接下来你们之间会有几秒、几分钟、几小时、几天、几周还是几年的相处。如果男人和女人们想要在第一次交谈结束时约定好下一次正式约会，就必须使用不同的策略。

如你所知，男人们，当你一开口，女人们就开始评估你的智力、性格、善良、创造力、幽默感，以及所有她列在伴侣清单上的特质。女人们，他一直观察着你的魅力以及你对他的接纳程度。显然，第一次谈话对男性来说是一个更大的挑战，所以让我们从男性开始。请女士们也不要跳过这一部分！了解男性的这些心理对于恋爱成功与否至关重要。

男人恰当的"搭讪台词"

我的书架上放了很多为男性第一次与女性见面提供指导的书，都快把书架压弯了。书里都会谈论的主题是"聪明的开场白"，但大多数方法并不适合你。这些书是号称"情感专家"的人写的，他们吹嘘自己可以在任何时间、任何地点吸引任何女人。先生们，找到尼斯湖水怪的可能性要比找到一段适合所有女性的开场白的可能性更大。

先不看证据，"什么是好的开场白"是一个长期困扰我们，且永远不会消失的问题，所以我必须解决。

一群社会学家希望自己的名字能永远被铭刻在专业期刊上，于是他们在酒吧、餐厅、派对、自助洗衣店和其他异性交往的场所偷听男性的开场白。[1]分析者将这些偶然听到的台词分为三类：坦率的、无伤大雅的和俏皮轻佻的。这里有一些统计数据，说明哪些开场白在女性心目中会加分，哪些会产生不好的效果。

女性觉得第三类"俏皮轻佻"的开场白最令人讨厌。第二类"无伤大雅"的开场白（谈话间一些不经意的玩笑）第二讨厌。效果最好的是"坦率"的开场白，也就是不对搭讪进行任何的伪装。研究人员写道："得分最高的开场白是坦率地展现自

Chemistry Sparker 爱情助燃剂 19

忘记你的男子气概，使用谦逊且坦率的开场白

自信地靠近对方，但说话时要谦逊一些，例如"嗨，我觉得有点尴尬，但我真的很想认识你。我的名字是……"用这种方式介绍自己可以展现你的自信、智慧、真诚。你不相信它有用吗？那可以看一看初始研究，它在参考文献中的名字非常贴切——开场白的偏好。

己积极的性格特征和文化知识。"[2]

当一位男人以一种自信的态度说出一段有些尴尬的话时，这段开场白就更受欢迎了。

如果你不习惯，还有个方法。

根据"莉尔·朗兹对 16 岁至 60 岁女性的非官方调查"显示，女性十有八九喜欢它，而且它能经受住时间的考验。我很喜欢它。我的母亲也很喜欢它。我母亲的母亲也很喜欢它。这句开场白是："你好，我的名字是 _____。你的名字是什么？"试试吧。她会喜欢的。

除非一个漂亮女人的声音听起来很粗鲁，否则你不会特别注意她的声音，但她会注意你的。大自然母亲让女性本能地对男性低沉的声音做出反应，因为这意味着他的睾酮水平更高，精子更强壮，会成为一个更好的父亲。[3]

每位女士都需要知道但鲜为人知的一点

"拒绝"这个词会令最自信的男人感到恐惧。[4] 他们几乎不敢提到这个词。

男人们绞尽脑汁地思考如何搭讪，阅读如何成为"情感高手"的书籍，参加网络课程，练习相关技巧，希望赢得你的青睐。有些人甚至花费数千美元参加研讨班。我曾在这些研讨班上发表过演讲，我发现，如果你拒绝一个男人，他会非常害怕，害怕的程度令我感到震惊。他会做噩梦，梦见有人大喊："嘿，大家快看那个哭哭啼啼的小家伙。他居然认为他能赢得她的青睐。"大家哄堂大笑，他的男子汉气概尽失，悄悄地溜走了。

男人们就是不明白！

　　女孩，你必须明显地表现出你对他的兴趣。美国最受尊敬的性与亲密关系研究者发现，97% 的男性在你给他们释放信号时都没有"看出来"。[5] 这不是他的错。别忘了，男性的大脑不擅长感知非语言交流中的微妙之处。

　　几年前，我的表哥罗里还没有遇到他可爱的妻子卡米拉，有一天他来拜访我。我家附近有一家酒吧，是纽约市最好的单身酒吧之一，所以我们决定去坐坐。我注意到吧台有一个漂亮的红发女郎，她一直在对罗里微笑。在我和其他女性看来，她对罗里的兴趣像苍蝇叮在糖碗上一样明显。罗里和几个女孩聊了聊，没发现有谁比较特别，于是对我说"我们走吧"。在回家的路上，我对他说："噢，罗里，一个喜欢的女孩也没遇到，真是太遗憾了。"

　　"不，我看到了。"他说。

　　"真的吗，哪一个？"

　　"你有没有注意到坐在吧台边的那个红色长发女孩？"

　　"看到了啊！"我气急败坏地说，"她给你释放明确的信号了。"

　　"给我什么？"他倒吸了一口气说道。

　　"这个可怜的女孩为了引起你的注意，一直在摆动她的小红脑袋。"

"得了吧，莉尔，别逗我了。"

"罗里，我是认真的。在我和酒吧里的每个女人看来，她释放的信号显而易见。而你的脑袋一团糨糊。"直到今天，他还认为我是在开玩笑。

女性主动的例子

"主动性（proceptive）"这个词是社会学和人类学中的术语，指女性主动开始一段亲密关系。为了生产出成功的产品，一家公司既需要一定数量的产品，也需要把控质量。在地球上，雄性负责增加孩子的数量，雌性负责提高孩子的质量。整个大自然中都是如此。在大自然母亲那广阔壮丽的天空、海洋和陆地上，雌性哺乳动物对雄性都极其挑剔。瓢虫、蜜蜂、鸟或鱼会寻找它喜欢的异性同类，然后通过弹舌、自舔或发出性感的吮吸声来吸引异性。如果动物能咯咯笑的话，它一定一边在心里这样笑，一边假装逃开。雄性就会追着跑，因为它确信这些诱人的信号意味着它们肯定可以发生性关系。

女士们，向动物们学习吧。从这方面来说，它们比你聪明，因为它们实践了雌性的主动性原则。你的口头禅应该是："如果你想要一个顶级伴侣，你就必须主动。"女性可以成为追求者。然而，社会压抑了我们的天性。现在到了我们所有人"坦白"的时候了！

女人搭讪的话语

女人们，我根本不会提出小儿科的建议。你从其他地方也会读到关于要首先进行眼神交流和向对方微笑的内容，是的，这些都是很好的建议。有一项名为"诱惑男人：在酒吧里进行眼神交流和展露微笑的效果"的研究证明了这一点，因此可以消除人们对眼神交流和微笑影响力的疑虑。[6] 不过，这是低级别的建议。这些事情很容易做到，是的，这样做能吸引到他。但我们在本书中谈论的不只是"诱惑"，我们谈论的是点燃爱情反应的火花。

女孩，我曾提醒男人们忘记他们听过的"搭讪台词"。相反，我恳求你学几句。在酒吧、餐馆、派对、自助洗衣店所进行的异性开场白的反应的研究表明，男性对女性的开场白产生了强烈的反应。"对异性开场白的反应"这项研究证明，如果女性说出坦率、不具有冒犯性，甚至是可爱轻浮的开场白，对男性同样有效。[7]

在说下面这些搭讪话语时，你可能害羞得想钻进地缝，我并不是建议你一字不差地说出这些话。

我提出这些开场白，只是为了让你了解研究证明有哪些话会产生理想的效果。以下是研究人员为女士们准备的开场白：

他们让一些女性微笑着接近男性，并对他们说："第一次见到你时，我就想把你介绍给我的女性朋友认识，但我没那么大方。"

另一些女性手拿一支笔，跟在异性身后问道："这是你掉的吗？"然后笑着坦白说，"用这个借口和你搭话，是不是很笨？"

第三组说："我可以说今晚我遇到了一个帅哥吗，还是我得在日记里撒谎？"

这些话听起来俗气吗？是的。毫无新意吗？是的。愚蠢吗？是的。丢脸吗？是的。它们有效果吗？是的！我仿佛听到你在心里说："哦，我说不出口！"但是，请这样想一想：如果你不用一些令人震惊的语言唤醒他脑袋里正在打盹的神经细胞，那么你可能再也见不到他了。哪个更糟糕呢？

Chemistry Sparker　爱情助燃剂 20

女人们，准备几句开场白吧！

姐妹们，像男人一样思考，准备几句开场白，准备好迎接你的下一位候选爱人，我们将他称为你的"潜在伴侣"（PLP, Potential Love Partner）。没有必要说得像研究中的女性那样直白，但要准备几句开场白。拿出你的创意和勇气，走出你的舒适区，然后稍微坦率一点。

他会觉得我太主动了吗？

简单来说，不会。具体来说，会失忆的不只是老年人、失眠者和酗酒者，男性具有一种不可思议的能力，那就是他的意识会改写历史，他会忘记是谁主动接近对方的。记住，当他的大脑里充满多巴胺和睾酮时，他的前额皮层就无法完美地发挥它的功能。未来当你们生活在一起时，他会向你们共同的朋友吹嘘说，他是一个成功的追求者，是他迈出了第一步。为什么？因为正如我之前所说，男性灰质传递信息的速度较慢。当他终于注意到你公然的诱惑时，他可能觉得自己是在这一刻才开始注意到你。

在一次聚会上，我遇到了我的朋友梅丽莎·理查兹，她和丈夫兰迪结婚12年了。我问她他们是怎么认识的。"莉尔，当时我不知羞耻地跟着他。"她笑着说，然后继续透露了一些细节。当他们在斯坦福大学读书时，梅丽莎在图书馆看到了在另一张桌子上学习的他。她内心的火花立刻被点燃，然后继续偷瞄兰迪。当兰迪注意到她时，她向他微笑了一下。兰迪敷衍地对她笑了笑，又继续看他的书了。第二天这个过程又重演了一次，很明显兰迪没有对梅丽莎产生火花。

第三天晚上，梅丽莎决定采取行动。在兰迪来图书馆的时候，梅丽莎躲在其中一个书架后面。她假装刚刚进来，走到他身边，骗他说她之前坐在他那个位置，弄丢了一片隐形眼镜的镜片。兰迪在地板上认真地帮她找，但没有找到，因为梅丽莎从不戴隐形眼镜。然后，他又回去看书了。

她几乎准备要放弃了，但决定尝试另一个方法。她在学校的咖啡馆里买了一杯咖啡，坐在他旁边，开始一边学习一边喝咖啡。然后，她伸手去拿另一本书，结果咖啡杯被碰倒了。完美的绅士兰迪冲进了男卫生间，拿来一条毛巾把咖啡擦干净了。他擦完后，梅丽莎摸了摸他的手臂，用开玩笑的语气低声说道："哦，你是我的英雄。"

这时候，兰迪似乎第一次直视梅丽莎的眼睛，是梅丽莎的身体接触点燃了兰迪心中的火花。"呃，让我给你再买杯咖啡吧。"他结结巴巴地说。

"哦，谢谢你。我和你一起去。"梅丽莎回答道。他们并肩走进了咖啡馆。如果这是一部电影，这时音乐声逐渐变大，大银幕上出现"大结局"这几个字。

聚会的几周后，他们夫妻邀请我去吃饭，这次我想问问兰迪他们是怎么认识的，我想这一定很有趣。他的版本是：

"那是在大学的图书馆，第一次见到梅丽莎，我就知道她是我命中注定的爱人。我甚至不知道她喝不喝咖啡，但我很高兴她喜欢喝咖啡，当我问她要不要和我一起喝咖啡时，她说好。后来……"他微微一笑说道，"我们就在一起了。"梅丽莎故作端庄地朝他笑了笑，同时用脚轻轻踢了我一下。

所以姐妹们，偷偷陶醉于你们杰出的能力，勇敢地看着他的眼睛微笑吧，放心大胆地去追求他。他不会记得这一切是怎么发生的。

尽管证据充分，但如果你不愿说一句开场白，那么你可以使用梅丽莎的小技巧——触摸的力量。

Chemistry Sparker　爱情助燃剂 21

试试让他触碰你

找一个借口与他发生身体接触——任何借口都可以！比如戴一个手镯或一条项链，发现目标后，偷偷地打开扣子，然后对他说："哦，不好意思，可以麻烦你帮我把它扣上吗？"另一条策略是问他现在几点了。当他告诉你时间后，假装很惊讶，开玩笑地抓住他的手臂看他的手表，假装你需要证明他说的是真话。

即使最单纯的身体接触也会让他的荷尔蒙激增，尤其是把他从痛苦的处境中拯救出来的是一位美丽的女士。

用身体说"你好"

女人们，如果你在职场交往中遇到了你的目标人选，那你非常幸运，因为你可以自然地与他进行身体接触，那就是握手。你可能会想"他又不知道我的心思"，但认知科学可能会对此提出异议。你的想法会影响生理反应，这些反应会在你的自主神经系统或非自主神经系统中有所表现。你的每个想法都会对心率、血压、呼吸频率和汗腺产生微妙的影响。测谎仪就是在此基础上创造出来的，而且科学界已经能够成功地在人脑中植入一种装置，使四肢瘫痪的人仅仅依靠思想就能够操控机器人做出各种动作。[8]

你可以秘密地运用这种认知能力。握着他的手时，把你的手指轻轻地放在他的脉搏上，这会向他的潜意识传递信息。从某种意义上说，这是在触摸他的心脏，因为他的脉搏起伏来自心脏的跳动。然后整只手紧紧地握住他的手，贴紧到一粒弹珠都塞不进去。在习惯性地握手几秒钟后，当他开始拉回手时，稍稍用力，并把他的手稍微拉向你，然后用你思想的力量来点燃他的火花。

女士们，以上所有的爱情助燃剂需要配合在一起，才会产生效果。他永远也猜不到，他感觉到火花是因为你握手握了很久，摸着他的脉搏，心中想着美好的爱情，或意外的触摸。他会告诉你的朋友："当我遇见她的时候，我瞬间感受到了火花。"

Chemistry Sparker　爱情助燃剂 22

在和他握手时，盼望爱情就要到来了

握着他的手，看着他的眼睛，在内心说："你真的很帅气，我想和你交往。"你无声的独白就这样被你的专业行为伪装起来，你的脸上露出恰到好处的表情，这样就可以点燃对方心中的小火花。从某种程度上来说，读心是可能的，尤其是如果你在内心说他想听的东西。

敏锐的女性

先生们，你们现在已经知道，你们讨论的话题远没有透露的信息更重要。女性的大脑能够同时感知你的多轨道信息。轨道一：你的外表。轨道二：你如何走路。轨道三：你的衣着。轨道四：你的声音。轨道五：你的智力。轨道六：你的社会经济水平。轨道七：你的个性。轨道八：你如何对待她。记住，她的大脑可不像大多数男人那样是单轨道的。

女性大脑的快速运输系统

下面，我们将对女性大脑中的同步轨道进行略微夸张的解读。

假设你和她随意聊着健身房的话题，她想着，太好了，他是个健康的男人。但如果你在稍后的谈话中再次提到健身房，这时她会想，他是个健身狂。你在对话中提到了你去的教堂，她会想，很好，他很诚实。你又说了很多你做礼拜的地方，这时她会想，这个家伙是个狂热分子。你夸了夸自己的朋友，她会想，很好，他有男性朋友。但是，你在之后的谈话中又提到同一个朋友，这时她会想，他的朋友是不是很少？

我们都知道，把蓝色的石蕊试纸浸入一大桶酸溶液中，试纸会变成粉红色。如果你在玻片上滴一滴酸溶液，用试纸去触碰它，试纸也同样会变成粉红色。嗯，那位女士的头脑就像石蕊试纸一样，她会情不自禁地从你的每一句对话中得出推论。

Chemistry Sparker 爱情助燃剂 23

别因为重复或过分强调而被贴上标签

男人们，第一次与目标对象交谈时，要十分小心。注意不要过多谈论同一件事，除非它真的重要，否则不要重复提及。你不需要被贴上一个不应得的"××狂热者"的标签。

投其所好，向她传达言外之意

在第一次谈话中，你的目标是展现你是成为男朋友或丈夫的优秀人选。如果这位女士真的很漂亮，那么男人们，你可能会忽略一件事，那就是她会事无巨细地记录你的言行。女人不会忘记观察和记录，她会戴上一顶福尔摩斯帽，在包包里放一个放大镜，从你说的每一句话中寻找你性格的线索。

"可是，如果不自夸，我该怎么展现自己的优秀品质呢？"你或许会这样问。这里有一些建议。

问她最喜欢的餐馆是什么，然后说一些你喜欢的餐馆，当然是一流的。（她会想：他很有品位。）

赞美她的配饰，比如她的手镯。问她是在哪里买的，因为你想给你的妹妹买一份礼物。（她会想：他对家人很好。）但是，可恶，蒂芙尼的商品目录里一件合适的礼物也没有。（她会想：也许他很富有。）

无论她提出什么话题，你都要说："再告诉我一些。"（她会想：他感兴趣的是我的思想，而不仅仅是我的身体。）

在谈到某个话题的时候，引用一些你在《华尔街日报》上读到的相关内容。如果她更喜欢文学，可以试试《纽约书评》。如果你引用了你最喜欢的一本书里的内容，也会给她留下深刻的印象。但不要提到这本书！

如果你认识她所在领域的专业人士，一定要说："我应该介绍你和××见一下……"现在，你因为想促进她的个人成长而获得了很高的印象分。

Chemistry Sparker 爱情助燃剂24

传递"我是当丈夫的人选"的言外之意

如果她能听出你的言外之意，你就应该传递言外之意。永远不要计划好"开场白"说些什么，但是要学一些方法来暗示对方你的优秀之处。但是，要不易察觉，非常不易察觉！不用担心，她的Ｘ光会探测到的。

一个关键问题

就像鹅是赤脚走路的一样，你的心仪对象一定很快会问："你是做什么的？"最重要的不是你的工作内容，而是你如何回答，你的答案可能决定了这段亲密关系的命运。准备一个既能给她留下深刻印象，又不会让她感觉刻意的回答。

根据你现在对女性心理的了解，你可能认为她提出这个问题只是想知道你能赚多少钱。在过去的时代，你的假设可能是正确的。但对于进化水平更高的女性来说，你的职业蕴含着比金钱更重要的意义，它能反映你性格中很重要的部分。在21世纪，越来越多的女性认为，你是拥有半个计算机行业的大人物，还是在梅西百货的收发室工作，这不是很重要。

现代女性喜欢男人有个性，在生活中勇于追求自己想要的。如果你是一家全球性企业的首席执行官，却不喜欢自己的职业，她们会觉得你是一个失败者。相反，即使你是司机或饲养蛞蝓为生，如果你喜欢你的工作，你已经获得了自己想要的东西，那么你就是一位成功者。

当她问你"你是做什么的"时，完美的回答如下：

Chemistry Sparker　爱情助燃剂 25

给出一个幽默而充满热情的回答

当她问你是做什么的，带着顽皮的微笑对她说："你指的是兴趣方面还是工作方面？"接着说，"我是在开玩笑，我爱我的工作。"然后热情地告诉她更多关于你工作的信息。

第一句话展现了你的幽默感。第二句话表明你是一个积极向上的人。第三句话说明你是一位成功者，因为你没有勉强在做一份自己不喜欢的工作。

女人们，我知道你们可能做不到，但如果你克制自己不去问"你是做什么的"，对方会觉得你和这个星球上的其他女性都不一样。我知道这不容易，但你们试一试吧。

男人们，下面的谈话技巧来自一项研究的结果。在这项研究中，研究者要求男士们向心仪女性"坦白"自己犯过的一些小错误，比如你总是忘记拿钥匙或停车的位置。[9]因为女性已经非常习惯于男人们试图给她留下好印象，如果你做相反的事情，她会发现你很有魅力。

Chemistry Sparker 爱情助燃剂 26

做一些小小的个人忏悔

为了增进你们之间的感情，承认你犯过的一些小错误。[10] 她会认为这些坦承自己短处的巧妙回答十分难得、诚实而惹人喜爱。但错误不要太大，她不想听到你曾经破产过，犯过重婚罪。

扬长避短，发现自己的闪光点

小心不要过于想给对方留下深刻的印象，特别是在金钱方面。因为她很可能比你有钱。事实上，如今很多单身女性比男性挣得多。[11] 努力表现出她给你留下了非常深刻的印象。

这个爱情助燃剂展现了你对她的工作感兴趣。

继续询问对方关于她的问题，调整你的谈话方向，了解她这个人。她是否认为自己极其聪明，并为此感到自豪？是否认为自己内心非常强大？是否认为自己在某个领域掌握了大量的知识？"真厉害！"你惊叹道，"你读了12世纪《财政大臣对话录》的拉丁原文。我很想听你讲讲。什么时候有空和我一起吃晚饭，和我谈谈这本书，好吗？"

Chemistry Sparker　爱情助燃剂 27

被她的名片吸引，问她一些问题

当她递给你名片时，不要只是瞥一眼然后塞进你的口袋里。双手拿好，恭敬地阅读上面的文字。

当她讲述自己的工作时，你可以低头看几次名片，偶尔钦佩地点头，多问一些关于她工作的问题。

有一个问题可以完美地表现出你对性以外的事情感兴趣，你可以问她："平时你是如何度过一天的？"

Chemistry Sparker　爱情助燃剂 28

对她的想法表现出强烈的兴趣

相比立刻表现出对方给自己留下了深刻的印象，逐渐表达自己对对方产生兴趣的男性更能赢得女士的青睐。[12]让对方相信，你对她大脑的兴趣比对她身体的兴趣更大，否则她会认为吸引你的只是她的外表。在相信这一点后，你对她来说就像潜水艇上的密封门一样重要。

女人们，你是万里挑一的那个人吗？

女人们，如果你是一个漂亮姑娘，那么你可能要故意伪装自己才得不到他的关注，所以你们的开场白并不那么重要。

然而，男性会用一个贬义词"淫荡"来形容那些使用不当诱惑方式的女人。在第一次谈话时，你最好先建立好感情基础，不要马上和他发生关系。在你吸引他后，再向他表明你是适合认真交往的恋爱对象。

你是百万人中特别的那个，还是百万人的其中一个。

开始投放"诱饵"，并打开他的"开关"

我刚才是不是说了那个糟糕的词？真是羞耻。但我坚信"为了达到正当的目的，可以不择手段"，只要对双方是好的，

Chemistry Sparker 爱情助燃剂 29

在谈话的开始展现你的众多品质

当你的美丽诱惑成功后，了解对方认为长期伴侣必须拥有哪些特质，然后巧妙地展示你拥有这些特质。暂时把自己身上那些违背他理想形象的特质隐藏起来，有意识地播下一粒种子，向他暗示："我是一位拥有优秀品质的特别女士。"

不违法，并且不会伤害其他人，就没问题。你的"诱饵"可以提高他对你的兴趣，让他期待即将与你共度美妙的时光。打开"开关"的意思是，展现一些更重要的东西——你的优秀品质。在他的内心深处，希望未来妻子具备一些品质，比如智慧、同情心、正直和忠诚。[13]

有很多方法可以暗示你具有这些品质。你可以聊一个近期的新闻故事，而不是明星八卦，可以是一些国际新闻。如果新闻是关于被征服的国家，你可以表达内心的沮丧（同情）。告诉他你多么尊敬一位诚实的朋友（正直）。如果提到过去的恋情，请确保你没有暗示自己发生过任何劈腿性质的行为（忠贞）。

但是，女人们，这并不意味着要告诉他太多关于你自己的事情。之前我曾建议男人们，在第一次谈话期间，向对方透露一些自己的个人信息，如果你读了这一部分，请忽略它。这条建议不

Chemistry Sparker **爱情助燃剂 30**

遵循保密原则

无论你多么确定你们是命中注定的一对，都不要不停地讲述你的人生故事。在这种时候，他对这些根本不感兴趣。同时，尽量少用"我感觉"或"我觉得"这样的词。与你不同，一开始男性不会被你对任何事情的感觉所吸引——除了你对他的感觉。

适用于女性。你应该让你心仪的对象在约会了一两次后再慢慢发现更多关于你的信息。尽量少谈自己个人内心的想法。[14]

喊出他的全名

正如你所知道的，创造爱情的火花意味着刺激对方大脑中的神经细胞，让它们向四面八方传播信息，就像野火燎原一样。最近，美国国立卫生研究院（National Institute of Health）的一项研究显示，当人们听到自己的名字时，大脑的几个区域会兴奋起来。[15]这里有一种方法可以让大脑加倍兴奋，让这一瞬间的兴奋变成小火花。

Chemistry Sparker **爱情助燃剂 31**

用他的名字刺激对方的神经细胞

称呼他的名字是老套的方法了，现在，让这种力量翻倍吧。在交谈了一段时间后，喊出对方的全名，给对方以双倍的刺激。"帕尔默·史密斯，你真有趣。"或者把他的名重复一遍："哦，帕尔默，帕尔默。"

到目前为止，一切很好

　　男人们，（1）你们恭恭敬敬地与这位女士见了面；（2）你展现了你是做丈夫的优秀人选；（3）做了一场简短且富有魅力的个人独白；（4）表明了她令你着迷。

　　女人们，（1）你用外表诱惑了他；（2）展现了自己的乐观品质；（3）神秘；（4）开始投放"诱饵"，展现了你拥有他心目中妻子应该具备的众多品质，打开他的"开关"。

　　这时，你们或者至少其中的一个人应该认为是时候开始约会了。

Chapter **6**

约会时的小心机

约会可能是你最快乐的时候，也可能是你感觉最糟糕的时候。你觉得自己仿佛在云端跳舞，然后他做了一些让你心痛的事。她说了一些话，意味着你可能会失去她。你受到了打击，血清素水平像炮弹掉到湖里一样迅速下降。你的大脑一片混乱。

约会变成了一项体育竞技，或者它根本就是一种游戏，这多么令人心碎。在理想的世界里，潜在伴侣会发现彼此，互相微笑，内心感到自信，并建立亲密关系，他们不会遇到困难和戏剧性情节。但是，人类一旦嗅到潜在的浪漫气息，大脑中的电信号就会像弹珠一样四处乱跑，他们的头脑也会眩晕。片刻之后，"比赛开始"！

即使你试图回避这些，我们大多数人也会这样做，所以你和对方迟早会发现自己在猜测对方的动机、收集证据、猜想、预测、思考，并最终决定是在一起还是分开。如果说这个过程没有困难和戏剧性，那我不知道还有什么事情比这更奇妙！与此同时，大自然母亲也愿意看到这个过程。

她会激发你们的情欲，让你们焦虑，因为这会让你更渴望拥有潜在伴侣。

但是，让我们先回到比赛的起跑线上。第一次约会时，你可能更想拥有她，也可能感觉自己受够他了，这些情况都很常见。但首先你需要获得约会的机会，这里有一些方法可以确保你成功约到对方。

男人们，像专业销售那样把约会"推销"给她

不管你对二手车销售员有什么看法，他有一种做法很聪明。在推销和精心设计的"接近"结束后，他会把一支笔塞进潜在客户的拇指和食指间，然后巧妙地将合同滑到笔尖下面。他不会问："那么您想买这辆车吗？"而是会问："您想什么时候收货？"他们把这种做法称为"假设性接近"。他会表现出他认为客户想要购买他的产品的样子。

向他们学习一下，你也可以这样做。如果你问对方："我们周六晚上约会，怎么样？"这可能会被拒绝。不要问她是否愿意与你共进晚餐，就当她是愿意的，直接问她什么时候有空。

试试这样说："我想去新开的 EI Romantico 餐厅尝尝他们的菜品。你哪天晚上有空和我一起去呢？"这样可以展现你的自信。如果你这样问，除非她在想"你这个烂人，我永远不会和你坐在一张桌子上吃饭"，否则她会不知道该说什么。她不能告诉你她不想吃，或者她没空，所以她拒绝你的唯一方法就是支支吾吾说不出话。这样你就会明白她的意思，而不会冒着被拒绝的风险再次开口。

另一个技巧是专业销售员口中的"选择性接近"。销售员会再次"假定"他的顾客想要那辆车，所以直接问对方："您想要

黑色的还是绿色的？"下面我会教你如何运用这种策略。告诉你的约会对象，你想带她去 EI Romantico 餐厅或 L'Eleganti 餐厅吃饭，问她更喜欢哪一家餐厅。

Chemistry Sparker 爱情助燃剂 32

使用"假设性"或"选择性"接近法

当你想要邀请对方与你共度美好时光时，为了提高对方接受的可能性，简单地问对方："什么时候和我一起去呢？"表现出你确定她不会拒绝你。另一条策略是询问她更喜欢两种选择中的哪一个。

把硬邦邦的栗子敲开

女人们，你们正在和心仪的男性谈话，你大脑的白质对他说的每一个字都产生了诸多的联想，以至于你们很难留意它们的顺序。但最后你听到期待已久的那句话："你愿意和我一起……"

你抑制住自己的兴奋，以免自己在他说完那句话之前就喊出"好的！"假设他邀请你去看一部精彩的电影，你应该怎么做？从以下几种反应中选择一个。

（1）让自己看起来在思考这个问题。

（2）告诉他你非常抱歉，那天晚上你有事，或许可以改天
　　　再约。

（3）给他一个大大的微笑，告诉他你想看那部电影。

　　正确答案是：这几种反应都不对！你应该表现出高兴的
样子，大声说："（他的名字），我很愿意和你一起去看那部电
影！"听到这个回答，对方就知道你感兴趣的是和他一起共度
时光，而不是只想做他提议的事情。

　　"但是，"你可能会想，"如果他不约我出去怎么办？"别担
心，继续读下去。

Chemistry Sparker　爱情助燃剂 33

不要答应去约会，而是答应和他一起去做这件事

　　让对方知道你感兴趣的不是约会，而是他这个
人。你那令人惊讶的回答会立刻点燃他快乐的火花。
不管他建议做什么，喊出他的名字，然后加上这句
话："我愿意和你一起去……"

如何让对方主动约你

有时候，你不得不承认，他根本没想过与你约会，尽管这种可能性很小。下面这些策略可以帮助你赢得异性的青睐。

向对方露出一个大大的微笑，然后说：

"特雷弗，我们哪天晚上应该出来聚一聚。"

"帕特里克，哪天晚上我们一起去参加派对吧。"

"兰斯，我想找个时间跟你出去约会。"

下面这句话是我最喜欢的，可以先眨个眼，然后说："下次你想和别人约会的时候，考虑一下我吧。"现在，我们已经最大限度地发挥女性的主动性了！

Chemistry Sparker 爱情助燃剂 34

在他开口之前说"好的"

如果他很腼腆，不敢约你，那就给他一个明确的暗示，让他有勇气开口。如果他很笨，这种做法也会播下种子。如果他没想过约你出去（愚蠢的男人），你就替他做这件事。虽然你没有真正去约对方，但已经清楚地表明你的意图，如果他约你，你一定不会拒绝。

初次约会，做好这几点就够了

我们一直在困惑：第一次约会应该选择在哪里？男人们，你们最喜欢做什么？看足球比赛？溜冰？看动作电影？快动作会让男人的多巴胺激增。

女人们，你们呢？第一次吃饭，是喜欢在法国餐厅、意大利餐厅，还是中国餐馆？精致的菜肴和亲密的谈话会让女性的多巴胺和催产素激增。

嗯，他想做的事情（刺激的活动）和她想做的事情（轻松地用餐）无法在同一个地方进行。如何解决呢？初次约会最好既有一些活动，又能一起共进晚餐。

约会的前半部分

在这个约会之夜，先做一些令人兴奋的事情。比如看一部惊悚电影，做一些耗费体力的活动，或者做一些甚至有点恐怖的事情。一项名为"高度焦虑的情形能提高性吸引力的证据（Evidence for Heightened Sexual Attraction Under Conditions of High Anxiety）"的研究证明，爱与恐惧之间存在着紧密的联系。[1] 银幕上、舞台上和小说里的恋人和想要成为恋人的两个人一起面对可怕的力量，史前野兽、残忍的杀手、星际入侵者以及其他邪恶的力量威胁着要把这对爱人分开。你是否曾想过，如果不是因为这对恋人不得不共同面对巨大的困境，他们可能不会爱上对方？莎士比亚懂得运用这份力量。如果蒙太古家族不想杀死凯普莱特家族，那么罗密欧与朱丽叶还会爱得死去活来吗？[2]

刺激性的活动会让多巴胺兴奋起来，导致出现一种名为"兴奋转移效应（excitation transfer）"的现象。在这种现象中，你的大脑会假设自己如此兴奋是因为与那个特定的人在一起，而不是做了这项活动。[3]NLP心理疗法把这种效应称为"锚定"。[4]

当你在约会中感到兴奋时，即使这是外部力量造成的，你也会将它与对方联系在一起，或者说"锚定"对方。只要再次看见她，你就会感受到兴奋的刺激。听到他的声音会让你回想起你们第一次约会时的兴奋感觉。

Chemistry Sparker 爱情助燃剂 35

约会的前半部分做一些激动人心的事情

在约会的前半部分，做一些能让对方大脑产生电化学活动的事情。对男人来说，可能是某项体育运动，或看一场体育赛事；对女人来说，可能是听一场音乐会，或看一部令人心碎的电影。在第一次约会中，由于兴奋转移效应，你们会把自己的兴奋感受与对方联系在一起。

约会的后半部分

男人们，你可能会问约会对象要去哪里吃饭，你的本意是好的，而且认为询问对方的意见比较礼貌。但是你应该做出选择，否则对方可能会认为你信息匮乏或优柔寡断。预订好座位并提前几个小时确认。如果仅仅因为一个叫布拉德·皮特[①]的家伙在最后一刻订了位，而让你失去预订的位子，那么约会时你会很尴尬。

餐厅不需要很高档，但应该反映你的个性。如果你想让对方觉得你很有艺术天赋，就带她去一家具有文艺气息的餐厅。如果你想让她觉得你是一位成功的商业人士，那就带她去一家商业人士常去的餐厅。如果你想让她觉得你很酷，那就带她去特别的餐厅。但有一个例外，即便你想让她觉得你是名运动健将，也不要带她去体育酒吧——除非她非常想去。在这种情况下，她的喜好很特别，你可以考虑今后在那里求婚。

女人们，如果他单纯得可爱，让你选择就餐地点，千万不要像第2章里菲尔的金发约会对象那样犯同样的错误。除非你肯定他是个挥金如土的人，否则就做出保守的选择。在他的预算内选择一个迷人的小餐馆。良好的氛围和昏暗的光线是有帮助的，因为在那种环境下，你们看起来都更有吸引力。

在一项名为"审美环境的影响（Effects of Aesthetic environment）"的研究中，研究者向人们展示了一些异性的照片，这些异性身处高档或低档的场所。研究者问他们："请选出你们认为最好看的人。"照片里有漂亮的枝形吊灯、三角钢琴、

---

① 布拉德·皮特：美国著名男星。

精美艺术品和其他穿戴奢侈物品的人，几乎总是比那些拿着油腻勺子的人更受青睐。[5] 当然，两张照片中都是同一个人。

♀♂ *Chemistry Sparker* **爱情助燃剂 36**

约会的后半部分做一些放松的事情（最好与食物有关）

在进行了给情感或身体充电的活动后，与对方一起共享一顿安静的晚餐。在那里你们可以聊天，增进彼此之间的了解。这时候应该不会出现令人不安的沉默，因为你们一定会讨论之前的活动。

吃饭时的火花

男人们，作为一个直男，你可能认为用餐礼仪就是拿起杯子喝水时伸出小手指，而且你可能会奇怪为什么女性在乎这些礼仪。这是因为大自然母亲提醒可爱的女士们，用糖包边缘剔牙的男人是不会晋升到高层的。当肉汁从你张开的嘴里滴下来时，女性的多巴胺水平会像进入冰天雪地里的温度计一样骤然下降。

女人们，你可以做一些温和、微妙的动作，但不太具有暗示性，比如让你的杯子在他的杯子边慢慢滑动，或者你的手指在酒杯柄上诱人地上下滑动，这样会让他在用餐时更加兴奋。然后就让他去幻想吧。

在这次约会以及之后的约会中，你们都会考虑是否与对方继续下去，还是就此结束。在每次约会中，你们去了哪里，谈论了些什么，都决定着是否还会有下一次约会。在你们互相许下誓言或同居之前，每次约会你都可以使用以下这些爱情助燃剂。

最好的爱情，就是做真实的自己

现在我们谈论的是另一种游戏——运动、爱好、兴趣。相信你们听说过，女性通过交谈联络感情，男性则通过一起做事来联络感情。这是真的。

女人们，回想一下你们早期的关系吧。当你发现他对你所信仰的东西深有触动时，你是否被感动了？

当你发现他和你一样维护动物权利、尊重老人或保护环境时，也许你会觉得和他更亲近了。同样，当你告诉男人你也喜欢打保龄球、蹦极、看拳击比赛，或者做其他他喜欢的事情时，他也会产生亲密的感情。

女孩，如果你真的有一项和他共同喜欢的活动，就强调这一点，告诉他你经常做这项活动。但要确保你真的喜欢它，否则在未来很多年，你可能都要忍受嘈杂的保龄球道、挥汗如雨的健身房，或可怕的弹力绳。我的忠实读者都知道我信仰"假装，直到你成功"的生活哲学。但在认真的亲密关系中，千万不要假装。否则，当你的诡计被揭穿时，一切都结束了。在亲密关系中假装，你就会破坏它。

贝萨妮是我在高中认识的好朋友，她曾经有过一段爱情，但这段爱情却因为她的谎言而失败了。有一次，我说服贝萨妮和我一起去潜水。她去了，当她脱掉潜水服时，她说她讨厌潜水。但她不讨厌后来在海滩酒吧里发生的事情。和我们坐在一起的潜水员唐把他的朋友贝尔德介绍给我们。"他是一名一流的潜水员。"唐是这样介绍他的。

贝尔德问我们："姑娘们，你们喜欢这次潜水之旅吗？"

贝萨妮兴奋地叫出了声，眼睛笑得像弯弯的月牙，她撒谎说："哦，我太喜欢了！我迫不及待地想要再来一次！"就在她聪明的暗示下，贝尔德邀请她下周和他一起潜水。她赴约了，而且连续几周她都去了，贝尔德很高兴她是一个热情高涨的潜水新手。他们开始定期约会。

贝萨妮忙于和贝尔德交往，所以我没有机会经常看到她。收到她的消息是在 6 个月后，她在电话里哭了出来。

"贝萨妮，发生什么事了？"我询问道。她一边抽泣，一边给我讲了这个故事。贝尔德每个周末都想去潜水。吃饭的时候，他只会聊上一次潜水的过程和下一次潜水的计划。我可以猜想到，贝萨妮陷入了谎言的泥沼。她对贝尔德所说的潜水笑话笑得不那么真诚了，听着他讲精彩的潜水故事，贝萨妮的笑容都快僵住了。

最终，在一个周四的晚上，贝萨妮告诉贝尔德，那个周末她不和他一起去潜水了，因为她已经好几个月没做头发了，而且由于风沙的关系，她需要做一次面部护理。

下个周末，她又找了另一个借口。

贝萨妮一周都没有收到贝尔德的消息，当她打电话给他时，他说他已经和其他朋友去潜水了，并认识了另一位女士，他称她为"一名投入的潜水者"。她不必把故事讲完，我也猜到了结局。贝尔德喜欢潜水，也喜欢女人，他两者都想要，而贝萨妮只能满足他一半的需求。

做你喜欢的活动会使你的多巴胺水平上升，就像你在第一次约会时感受到化学物质喷涌而出一样。如果你真的喜欢这项活动，你就会把这些愉悦的感觉"转移"到对方身上。

如果你放弃了这项活动，多巴胺也会随之消退。

Chemistry Sparker　**爱情助燃剂 37**

一起玩一个游戏

如果你和潜在伴侣都喜欢某项活动，那就尽量多做这项活动吧。你们一起做事对男人来说更能加深感情，让你们变得更亲密。但要说出真实的想法，否则可能会因做自己不喜欢的事情而感到痛苦。

如何在每次约会时点燃对方的爱情火花

在少女时代，我非常害羞，只要和男性交谈，我的心脏就会像万马奔腾一样怦怦跳动，脸像煮熟的龙虾一样红。在约会之前，我会绞尽脑汁，试图想出一些话题让他更喜欢我。我真希望当时我就知道以下几点。

他 / 她说什么？

如今，我们已经对有关性别偏好的话题相当熟悉。如果你没有看过关于这个主题的书籍，可以把以下这些内容当作入门知识。

女人们喜欢谈论人。男人们关注的是事情。

女人们会根据感觉进行推测。男人们会基于事实。

女人们喜欢抽象。男人们喜欢具象。

女人们分享情感。男人们更喜欢逻辑。

女人们想与同事和睦相处。

男人们考虑的是谁在与自己竞争，谁的地位比较高。

就像我们在本书中讨论的一样，这些都具有奇妙的进化意义。自从大猩猩祖先阔步走下诺亚方舟的跳板后，"战斗还是逃跑"就成了男性的本能反应。在陆地上，他必须为统治其他猿类而战斗，于是男人在交谈时会有所偏好。他喜欢谈论他对当今"人类狒狒"的统治——他的成就、冒险、观念、政治、目标和大玩具。

女性在神经方面的"战斗或逃跑"相当于"照顾和交朋友"。[6] 这是她的大猩猩祖先跟着配偶走下跳板后形成的本能反应。在陆地上，她的工作就是照顾并保护孩子们的安全。

我们了解女人的谈话偏好。她喜欢探索他人的关系、感觉、直觉和感知。

我是不是忘了说男人们喜欢谈论运动？女孩，如果你也能谈谈那方面的话题，那就太好了。但是要小心，谈论他去年在大联盟最佳投手动作上发生的失误，可能会影响你们的关系。

Chemistry Sparker 爱情助燃剂 38

说话时考虑到对方的性别偏好

女人们，如果你发现自己过多谈论别人和自己的感受，那么就要注意一下。同样，男人们，如果你过多地阐述事实和竞争情况，也要注意一下。总之，女人们，你们可以更关注事情、事实和具体的东西。

男人们，跟着对方的节奏走

即使你把上述内容做成小抄随身携带，要在约会时与对方愉快地交流也难派上用场，因为你的想法和异性不一样。但是，你可以学着用她们的方式说话。下面我会给你一些提示。

Chemistry Sparker 爱情助燃剂 39

像打排球一样对话

先生们，在陈述完自己的观点后，问问她的观点。当她从惊讶中回过神来，她会喜欢回答你的问题——也喜欢爱提问的你。确保至少有一半的时间（也可以更久）是她在说话。

只要她有机会说话，她就会认为你是个迷人的聊天对象。

在约会的时候不要出现太多长时间的沉默，这会让女性感到不舒服，担心你不愿意交流。

男人们，你们可能已经注意到，女性的谈话节奏与你们的不同。在陈述完自己的观点后，她们常会说一些标志性的语句，把话语权交回给对方，比如"你呢？"或者"你是怎么想的？"

女人们，不要立刻打破沉默

女人们，这一点可能令你感到惊讶，但是两个人在一起时，男性不需要（甚至不希望）每一分钟都进行交流。男性能接受适当的沉默。[7] 不说话并不是因为他觉得和你不亲近，也不是他无话可说，只是很多聪明的男士不认为自己需要时时刻刻与对方交流。[8]

正如我们讨论过的，男人神经传输的速度没你那么快。在你说了某件事后，男性喜欢在回应之前花点时间消化并整理他的想法。如果你试图打破这种令你不舒服的沉默，这可能会令他感到不快，破坏安静时他所感受到的你们之间的亲密感。

Chemistry Sparker　爱情助燃剂 40

不要觉得有义务打破沉默

当空气安静下来时，只要和他一起享受就可以了。一个自信的男人面对适当的沉默不会感到丝毫的不自在。事实上，他会感激你的，因为和你在一起可能是他第一次不需要为了聊天而说话。

给对方一种"你符合我的爱情地图"的感觉

简单调整一下说话方式，就可以推进你们的关系。你说出的每个词、每种语调都会对对方的情感产生影响。当我们听到熟悉程度不同的歌曲时，我们大脑会产生不同的神经化学反应。在一次神经科学讲座上，我认识了一位名叫斯韦特兰娜的舞蹈演员，她告诉我，她是一项脑部研究的志愿者。在一次脑部扫描中，研究人员首先播放了斯特拉文斯基的《火鸟》，一首非常令人振奋的乐曲。然后他们播放了柴可夫斯基的《天鹅湖》中的选段。《天鹅湖》比《火鸟》平静得多，但核磁共振成像发现，她的大脑在播放《天鹅湖》时出现了激烈的电流反应，在播放更激烈的《火鸟》时则没有出现这样的反应。为什么？因为斯韦特兰娜曾经跳过《天鹅湖》，她更熟悉这首曲子。这首曲子的每个音符会在她内心唤起一种熟悉的情绪反应，因此神经细胞会出现电流反应。对于两性交往来说，熟悉程度不同的词汇会在对方的大脑中创造出不同的神经传递过程。

假设一个星期六下午，你饿了，于是你对你的爱人说："嘿，我们出去买个hoagie（特大号三明治）吃吧。"或者，你会说"submarine（潜艇三明治）""grinder"还是"hero"？其实这些词指的都是夹满东西的30厘米长的三明治，只不过这种三明治在美国不同地区有不同的叫法。还有一些地方性词汇，像"cellar"或"basement"（地下室）、"pavement"或"sidewalk"（人行道），以及"sofa"或"couch"（沙发）。

不仅仅是某个国家不同地区之间存在语言的差别。孩子们通过聆听父母、亲戚、朋友和其他让他们感到舒服的熟人说话来学习语言。语音学家观察到，甚至来自不同学校、不同团体和城市中不同地区的人，在词汇的使用上也略有不同。

Chemistry Sparker　爱情助燃剂 41

说对方的语言

为了让对方感觉你与她的"波长"相同，在提到任何事或任何人的时候，你可以使用与她相同的词。她可能会把妈妈称为"母亲""妈妈""老妈"或"妈咪"。他可能会把爸爸称为"父亲""爸爸""爹地"或"我的老爹"。这些人可能生活在同一个社区。使用对方的语言会激发她在潜意识中产生一种熟悉感和相似感，让她感觉你符合她的恋爱地图。

如何成为一名优秀的倾听者

实际上没有人问过我这个问题，但我还是想说一下。如果要拍一部展现男性倾听的电影，那么和女性的倾听状态相比，那像是一幅静物写生。女性倾听的行为举止像是在水边玩玩具鸭子的孩子。男人只会安静地听，而女人会一边点头，一边发出"嗯""哦""噢"以及一些表达支持的声音。

有时候，当我和一位男性交谈时，我会生气地认为他一个字也没有听进去，因为他像一台关机的手机一样从头到尾都是沉默的。

我和一位男士讨论这件事，他居然告诉我，女人这些小小的语气词很烦人。（想象一下当时的情景！）

好吧，两性都非常懂得自己的聆听偏好，所以为了激发相似的火花，你要用对方喜欢的方式去与他沟通。

Chemistry Sparker 爱情助燃剂 42

男人们，聆听的时候请适当点头和回应

先生们，当女性说话的时候请说些简短的话来表示你在听。"嗯，嗯"是可以的，虽然可能会有些重复。练习说一些关注对方情感的支持性话语，比如"我知道你的感受""我也会有同样的感觉""我同意你的想法"。

女人们，你们要做相反的事情……

Chemistry Sparker　爱情助燃剂 43

女人们，适当表达情感上的肯定

嘘！女士们。忍住，不要发出一些语气词，这会分散他的注意力，也会让你显得不那么认真。给他时间思考下一句要说的话。只有在他明显停顿的时候，你才应该插入一句评论，或许可以表达你的支持。你可以试着说"你真聪明""太棒了"或"你做得对"这样的话来称赞他。

我想要找一个逗我笑的男人

你一定听过一个女人深情地说："他总能逗我笑。"但你有没有听一个男人说过："她让我发笑。"这不太可能，除非他在羞辱她。在任何一个约会网站上，你都能经常看到"幽默感"这个词，它的出现频率如此之高，简直配得上拥有 GSOH（good sense of humor）这个缩写。大量严肃的研究已经证明了 GSOH 的魅力。男人和女人对幽默的感知非常不同。

斯坦福大学的研究人员让 10 名男性和 10 名女性躺在一张检查台上，每位受试者把头伸进一台巨大的金属脑扫描机器里，机器上方投射出一系列卡通片。然后，研究者追踪受试者在观看每段卡通片时大脑中哪个部位比较活跃及其活跃的程度，以此来测量他们的发笑程度。

什么会让女人们发笑

女性的反应较慢，并不是她们"理解"得慢。只是在阅读卡通片的字幕后，女性会运用她们更强的语感进行分析，然后用前额叶皮层检验它是否真的有意义。字幕越是出人意料，与画面越不协调，女性越觉得有趣。[9]

女人们不喜欢老套的幽默，她们更喜欢那些在意外情况下灵光一闪的男人。这一切都要追溯到女性的进化格言——寻找最优秀的伴侣。[10]任何一个男人都能记住几个笑话，但是抓住一瞬间发生的事情，发现其中的幽默，并将其表达出来，这就体现了其灵活性、智力和认知能力。[11]

Chemistry Sparker 爱情助燃剂 44

别跟你的女性伴侣讲笑话

男人们，把笑话留给你的朋友、朋友，还是朋友，他们会很喜欢。但面对女士，一定要运用即兴、意料之外的幽默。看到生活中光明的一面，看到一些瞬间发生的有趣的事情，你聪明的评论将表明你比其他追求这位女士的竞争者更加优秀。

什么会让男人们发笑

男性通常是更理性、更线性的思考方式，他们却能更快发现卡通片的有趣之处，为什么呢？因为它们是卡通片，它们应该是有趣的。男人们喜欢带上半打啤酒，找朋友一起闲坐着讲笑话，这也是在竞争。祝最会讲笑话的人获胜！有些男性喜欢看好笑的事情。但女性会感知真相：即使是大猩猩，当它看到另一只大猩猩踩到香蕉皮滑倒时，它也会嘲笑这位伙伴。

男人们和女人们，有很多独特的方法可以让心仪的目标想和你来一场约会。我不想重复在以前的书中介绍过的一些技巧，如果你想了解更多，我推荐你看一看第一本书。

Chapter 7

被忽视的爱与性

　　每位作家在写书时都会遇到拦路虎。我的拦路虎不是文思枯竭，而是我应该把这一章放在那一章前面，还是相反。当探讨性的火花和爱的火花时，我应该先谈性，还是先谈爱？

　　如果我先写性，我想母亲会在天堂里冲我挥舞拳头、大喊大叫。然而，在当今世界的大多数地方，在性行为之前必须做出承诺的说法已经过时了。而且，对于男人和女人来说，理想的爱情之舟有一个共同的最终目的地，那就是永远在一起。最初的欲望和相爱只是沿途的两个港口。不过，船的航行路线取决于掌舵的是男人还是女人。

　　男性首先想要的是性，然后是喜欢，最后是爱。

　　女性首先想要的是喜欢，然后是爱与性的结合。

　　挑剔的女人通常遇到一个非常喜欢的男人，才会和他同床共枕。而男人立刻想要做这件事。考虑到两者之间的差异，我难以决定先探讨爱的火花还是性的火花。

　　所以，我决定向我的亲密关系研讨班的学生求助。

　　我在苏城班上的学生非常适合完成这项任务。不仅项目地点位于爱荷华州，而且男性和女性参与者的数量几乎相等。我向大家介绍了这本即将出版的书，并寻求他们的建议。

　　我问班上的学生："有多少人会建议我先探讨爱的部分？"大约有一半的人举起手，而且其中90%都是女性。大家环顾四周，笑了起来，了解到这方面的性别差异。

　　我继续问道："有多少人认为我应该先探讨性？"男人们的手不约而同地举了起来，伴随着一声声认可："是的""当然""肯定啊"。

　　我明白了，然后我们进入了欲望和爱的讨论。最后，我们所有人都认为这两者很难分开，最终决定通过掷硬币的方式。如果是正面，就先谈爱；如果是反面，就先谈性。我把硬币高高抛起，落下……是反面。女人们发出了嘘声，男人们开始欢呼。

女人们，在认识对方多久后和他发生关系？

　　我听起来像是唠叨的奶奶，但在最初几次约会时发生性行为并不是一个好主意，原因有很多，正如你将看到的，这不仅仅是因为"他会认为我很廉价"。

　　推迟一段时间再有性行为的建议听起来很过时，对吗？毕竟现在是21世纪了。我们知道预防性传播疾病和意外怀孕的方法。

　　所以，有什么问题呢？

　　女人，当你和一个男人发生性行为时，他的睾酮飙升，他的快感中枢充满多巴胺。他即将达到高潮的时候，催产素（建立亲密关系的一种激素）会飙升500%。[1]事实上，这时即使男人面对一个他不爱的女人，也可能脱口而出"我爱你"。在那短短的几秒钟内，他可能觉得自己真的爱她。

但是，高潮后，睾酮和让他说出"我爱你"的化学物质急剧下降。[2] 他的多巴胺在高潮后消退了，这种消退让他头脑昏昏沉沉，很快就开始打鼾。（女孩，我知道你想说什么，我们稍后再谈他那令人气愤的不想拥抱的问题。）结束后，你的男人脸红红的，枕在枕头上，他可能会喃喃自语："给我一个小时左右，亲爱的。"很可能他可以做到。但对他来说，当然不会像第一次那样令人兴奋。

但大多数女人不明白这一点。除非他已经对你产生感情，否则第二天晚上（或者下一个晚上，再下一个晚上，甚至是一周之后）与你做爱，不会再令他那么兴奋了。你可能是最令他兴奋的女人。但这种异常的多巴胺激增，像其他所有让人感觉良好的东西一样，如果第二次、第三次进行相同的刺激，你就会变得不那么敏感。如果一个男人和同一个女人发生性行为（除非他已经对她有了感情），那么她必须不断提高性爱的刺激程度。而女人能使用的姿势、创意是有限的。

有一项特别的实验清楚地证明了这个令人沮丧的事实。[3] 研究人员把一只某个品种的雄性实验鼠和一只它没接触过的雌性实验鼠关在同一个笼子里。

两只老鼠沉浸在性爱狂欢中，直到这只可怜的雄性老鼠睡倒在地，汗流浃背，气喘吁吁。后来，无论如何，它一点也不愿意再和这只雌性老鼠再进行一次。

　　然而，当研究人员把一只新的雌性老鼠关进笼子后，这只幸运的雄性老鼠又燃起了欲望。研究人员把这个实验又重复了一遍，果然这个小家伙总是会与新来的雌性老鼠交配，对之前的雌性老鼠不再感兴趣。

　　引用一项具有里程碑意义的研究结果："性满足的男性在和同一位女性发生性行为后就会停止性交；而面对陌生的女性，就会重新开始性交。"[4] 这就是科学界众所周知的柯立芝效应（Coolidge effect）。

　　"为什么叫柯立芝效应呢？"是这样的，在一个晴朗的日子里，柯立芝总统和夫人一起视察一个政府农场，他们分别在不同的地方巡视。当柯立芝夫人经过鸡舍时，看到一只正在交配的公鸡。她问向导公鸡每天是否不止交配一次。"会交配许多次。"向导回答说。

　　"请把这个事实转告给总统。"柯立芝夫人提出了这个请求。后来，当总统经过鸡舍时，有人把这件事告诉了他，他问："每次都和同一只母鸡交配吗？"

　　"哦，不，总统先生，每次都和不同的母鸡。"

　　总统缓缓地点了点头，然后说："请把这个事实告诉夫人。"[5]

　　实验室啮齿类动物的边缘系统与人类的男性相似，因此这项实验提供了一些具有很高可信度的证据。

　　在一个男人对你产生感情前，和他发生关系不会激发他对你的兴趣，反而会使他的兴趣降低。然而，当他爱上你后，情况则完全不同。

为什么性爱让你神魂颠倒？

性具有相当强大的冲击力，这是因为性高潮刺激到的大脑区域比其他任何活动都多。[6] 你的杏仁核处于情绪失控的状态，它会命令你的海马体（记忆先生）忘记一切，尽情享受。你的下丘脑（行动先生）会让整个身体沉浸在一场狂热的肉欲舞蹈中。与此同时，大脑的各个区域都在向任务控制中心（你的前额皮质）发出信号，让你什么都不要想。

睾酮与雌激素相互作用。多巴胺和它的助手们在快乐岛（你的尾状核）上开启一场疯狂的派对，像闪光灯一样时隐时现。催产素和后叶加压素点燃了导火线并在高潮时爆炸。难怪性爱如此重要，如此令人神魂颠倒！

女人们，谈性需谨慎

女人，你要小心。男人比你更渴望尽快发生性行为，但性对你产生的影响更强烈、更持久。

你释放的物质产生的强大生理效应可以持续数周，甚至数月。如果你不认为某个男人非常适合你，那么你要小心，因为如果你和他发生关系，性爱过程中产生的多巴胺和催产素会让你觉得你爱上他了。[7] 一位备受尊敬的性研究者在她的讲座中告诉女性："如果你还没有准备好爱上一个男人，就不要和他发生性关系。"[8] 催产素能令你对他产生信任感，能消除不好的记忆，甚至让你忽略他是个变态的事实。[9]

Chemistry Sparker　爱情助燃剂 45

在最初几次约会时避免性行为

女人们，在男性对你产生感情之前，不要与对方发生性关系，否则他会对你失去兴趣，这是神经化学和生物学证明的事实。

过早发生性行为还会在其他方面影响你的生活，更不要谈怀孕、道德或身体健康了。你大脑中释放的物质可能让你无意中做出或说出一些事情，破坏一段潜在的美好关系。更糟糕的是，它会让你觉得爱上了一个卑鄙的人，就像我一样。

一项特别的研究发现催产素具有爱的力量。在这项研究中，要求受试者回忆他们与母亲一起度过的幼年时光，研究者给其中一半受试者注射了催产素，给另一半受试者注射了安慰剂。[10] 被注射催产素的受试者对母亲的评价更高。相比被注射了安慰剂的受试者，他们认为自己的母亲更温暖、更有爱心。催产素甚至能抑制不愉快的记忆。

我要说的是，亲爱的，我有过这样的经历，你可能也会经历。我曾经对一个名叫桑托斯的西班牙人一见钟情。他温文尔雅，身上有一种令人兴奋的神秘气息，我很快就和他发生了性行为。我相信桑托斯是一个有道德、用高标准要求自己的人。

他定期去教堂，经常谈论自己的精神世界。他讲述了一些关于自己的故事，表明他的真实和诚实。他似乎是一个理想的对象。我们之间的性爱是美妙的，我被他迷住了。

这时，发生了一两件小事，我接收到了小小的危险信号。在打电话给别人时，桑托斯隐藏了自己的号码，我不太喜欢这一点。不过，这是小问题。无论何时打电话给他，他都会很快接起电话说："嗨，宝贝。"

但有几次我用另一部手机打电话给他（他不认识那个号码），在我开口说话前，他甚至不会说"你好"。显然，桑托斯在知道来电人的身份之前不想表明自己的身份。当时，我是如此爱他，并没有多想。

我蒙上自己的双眼，没有理会一些细微的异常迹象，这些迹象表明他可能不是我以为的那种值得尊敬的人。每次他一上车，马上就会把雷达探测器打开，他甚至在开我的车的时候，会把雷达探测器连在车上。我觉得有点奇怪，因为他从不超速，为什么会担心被警察拦住呢？

有一次我们准备到一家餐厅吃午饭，在开往停车场的路上，他看见几辆警车停在前面，突然掉了头。我问他为什么，他说他认为警察得到免费的食物是不道德的行为，他不想看到这种事情发生。我当时想，他这么做是因为他是个有原则的人。但接下来，我的心里开始出现一丝怀疑。

他的姐姐来纽约拜访我们，吃饭时她告诉我"有几年没人知道桑托斯在哪里"。我问他这件事，他只是耸耸肩，说他和爸爸闹翻了，没有让家人知道他的下落。我不喜欢这种做法，我开始冷静地审视他。

然后发生了一件事，让我彻底看清了他。桑托斯准备七点钟来我的公寓吃晚饭。做饭时，我从厨房的窗户往外看，看到院子对面的防火梯上有人正在撬邻居的窗户。我刚挂断打给911的电话，桑托斯就到了。

当我告诉他警察正赶过来时，他勃然大怒。他冲我大喊，说他不喜欢"窥探警察"，然后气冲冲地冲出门，我感到伤心欲绝。

在感到受伤的同时，我开始拼凑桑托斯的一些行为，那是我第一次认真思考这些事情。首先，在不知道来电者是谁之前，他不会在电话里说"你好"。然后，他过于热衷使用雷达探测器监视警车。后来，他会有意避开有执法人员在场的地方用餐。为什么之前我没有看到这些行为意味着他对警察隐瞒了什么？后来我发现事实确实如此，而且情况相当严重。

我真希望当时我就知道爱情心理学方面的研究发现。引用一位著名爱情研究者的话："刚坠入爱河的情侣通常会将伴侣理想化，放大他们的优点，为他们的缺点辩护。"[11] 我的经历就是如此，当时我大脑释放出来的物质让我看不清事实。

有时候，当我听说有人经历了痛苦的离婚，我就会想，两个善良并相爱的人怎么最终如此怨恨对方。现在我明白了。他们认为这是爱，但仅仅是"相爱"，是一种完全不同于爱的神经化学状态。不幸的是，爱人们没有耐心等待，看清这是否是真爱。真爱会产生不同的物质（我们将在第 10 章中讨论），这种物质存在的时间更长，会带来长久的幸福。不要因为性爱或渴望某个人就认为自己爱上了他，因为爱实际上是盲目的，只有经受住时间的考验，才能称得上是真正的爱。

男人们，关于第一次约会的提醒

先生们，我知道你们可能听不进去，但在前几次约会就发生性关系对你们来说也不是好事。性高潮时，你的大脑瞬间分泌出大量的催产素，它会让你说出一些你并不打算说的话，比如"我爱你"。男人们，请闭紧你们的嘴（在高潮即将到来时这的确有点难做到），不要说出任何以后可能会伤害对方的不符合事实的话。事后，大脑残留的记忆片段还会刺激她的信任回路，如果你试图慢慢摆脱这段关系，她甚至可能意识不到。在我的研讨会上，一些男士告诉我，当他们试图结束这段关系时，他们的女朋友就是"不明白"。说得更自私一点，先生们，你们不希望生活中出现一个跟踪狂！所以，公平地进行这场游戏。

初次约会发生性关系还有一个坏处：在喝了一大杯睾酮/多巴胺"鸡尾酒"后，你的大脑可能无法看清这位女士性格中更细微的方面。在了解她之前，你沉迷于火辣的性爱中，发生性关系后你可能会忽略并错过这位优秀的女士，而她或许可以成为你的伴侣。

（如果我提出"第一次约会不要尝试性爱"的建议传播开，就没有男性会买这本书了。）男士们，不要因为我说这些话而讨厌我，考虑一下不要太快向她施加性爱的压力。从长远来看，这对你们双方都有好处。

让我们继续讨论接下来的约会，那时最有可能发生性爱这件事。你知道女性想要更长的前戏，但你完全不知道要多久！你可能认为整个过程始于你们躺在床上、沙发上、地板上。你错了，对她来说，前戏在好几个小时、几天甚至几周前就开始了。[12]

迎接一场高质量的性爱

亲爱的男人们，我希望你不会因为我即将要说的话而生气。然而，当我们谈到给予女性难以置信的高潮时，男人需要了解一些知识和一张图。由于神经解剖学的天然因素，男性的直觉不如女性强。而且，女性通常不敢给男性口头上的指示，以免伤害他的感情。

先生们，在性爱过程中，女士可以准确无误地判断你们内心的狂喜。你的性行为不会撒谎。然而，对男性的大脑来说，确定女性获得真正的性满足是一个更大的挑战。也许你一直在追求怎样做才能让她呻吟或尖叫。在地球上所有神奇的生物中，人类是唯一能够在床上有意识地表演的生物。女人可能患有一种无法治愈的"病症"：渴望取悦他人，让别人对自己感觉良好（有一天你会很欣赏这种品质）。

当一个女人爱上你时，她和你一样渴望性，这种渴望会出现很多次，甚至比你更强烈。她会一直想这件事，并处于一种性狂热的状态。然而，当重要时刻来临时，她需要花更长的时间来忘记其他事情并热身。[13] 她的感觉和反应（过去、现在和对未来的幻想）在她享受性爱的过程中起着重要的作用。

当你在门口和她见面时，她可能不知道今晚她要和你做什么。到时候，她会看"感觉是否对了"。一切取决于她的记忆和当时对你的反应——有些是重大的，有些是微小的。以下这些细节会决定你们的性爱质量：今天晚上你去接她时对她有多尊重？你是否在吃饭时打了很长时间的电话？你对服务员无礼吗？你有没有留下得体的小费？

"这和性有什么关系？"你会问。有很大的关系，因为如果她的海马体（与她的情绪杏仁核有着密切的关系）对晚上与你相处的过程有任何负面的记忆，那么或许她连话也不想和你多说了。

女性不能把她的感觉都集中在大脑中的一个区域，丝毫不向外泄露。亲密关系的问题和性之间永远是互相影响的。[14] 你口中的"琐事"决定你和她当天的约会最终是横向发展还是纵向发展。从你们在约会地点见面的那一刻起，整晚你都要让她觉得自己很特别。

记住这一点，让我们来到约会的最后一刻，你希望到时候不仅仅只有一个晚安之吻。

为性爱做好准备

如果想着其他的事情，男性和女性就无法享受性爱。[15] 然而，先生们，你们有一种令人羡慕的能力，就像关掉床头灯一样把杏仁核关闭，然后立即开始。但是，你的女性伴侣只能把灯光慢慢调暗。在心理上和身体上，能否从通常明亮的灯光转变为昏暗浪漫的灯光，就要看你的了，关键词是"慢慢地"。

不舒服的环境也会影响她对性的欲望。如果你猜测那天晚上她会出现在你的房间里，那么提前把你穿过的衣服扔进衣柜，然后把门关严。女人的嗅觉非常灵敏。[16] 把你的脏袜子丢到床底下，然后研究一下如何使用吸尘器。

最后，检查一下环境，房间太闷了吗？太热还是太冷？你知道吗，如果女性的脚觉得冷，她们就无法充分享受性爱了。[17] 我是认真的。还有她会不会觉得灯光太亮了？

她可能有一些你永远无法理解的担忧，比如你会看到她的赘肉或者妆花掉了吗？如果她对那些事情感到不安，她就不能放开自己享受性爱。那音乐呢？她喜欢爵士、古典、乡村、重金属，还是北欧民谣？如果你不知道，就问一下她。

Chemistry Sparker **爱情助燃剂** *46*

男人们，提前为性爱做好准备

对女人来说，环境可能决定她的情绪。在你和她到达目的地之前，提前做一些准备。最好的选择是昏暗的灯光、清新的空气和柔软的床。检查枕头上是否有长头发，然后关掉床边的台灯。她是在你的公寓，而不是在妇科诊所。

享受愉悦时刻

这时候的关键词仍是"慢慢地"。瞬间脱光不会令女性兴致高涨。研究结果表明，她们在观看裸体男人视频时，并不比观看裸体女人视频时的兴奋程度更高。事实上，与裸体男人相比，女性更喜欢白雪皑皑的喜马拉雅山全景影像。[18]

我在百慕大做过几年企业咨询的工作，每当我在岛上时，我都会与一位名叫奈尔斯的优秀高管约会。尽管我真的很喜欢他，但我从来没有答应过与他发生关系。有一天我们吃午饭时，我拉起他的手，我意识到我的做法很笨拙。"奈尔斯，"我高兴地对他说，"我有东西给你。"我从钱包里拿出一张酒店房间的备用卡，放在他面前。他握住我的双手，告诉我他有多么高兴。

奈尔斯说他会在我的晚间研讨会结束前到达那里，并订好客房服务。那天晚上，在回酒店的出租车上，我在想他会点什么餐前酒。坐电梯时，走进房间时，我都在想，当我走进房间时，会闻到什么样的香气。白天在研讨会上我很难集中精力，因为我无法不去想晚上和他在一起的性爱会多么美妙。我兴奋地打开门，走了进去。灯都熄着，但一轮满月透过花边窗帘，把房间照得透亮。多么精致浪漫！

但当我的眼睛适应了房间里的光线后，我看到的不是两人份的餐饮，而是全裸躺在床上的奈尔斯，他还把胳膊放在脑后。"你看得出来，我一直在等你。"他低声说道。我不停地道歉，假装头痛欲裂。我几乎是把他推出了门，之后我来到酒店的酒吧，吃了一个大汉堡，并发誓再也不见他了。

Chemistry Sparker 爱情助燃剂 47

观察她的反应

如果到了合适的时机，她还没有要开始的迹象，就温柔地解开她的衬衫或你衬衫上的一粒纽扣。在明显感觉到她也想开始之前，再尽情享受你们的愉悦时刻。

直到最近，我还担心自己对他赤裸身体感到厌恶可能是反常的，认为不正常的是我，而不是他。当我读到大量研究证实这是女性的正常反应时，我松了一口气。奈尔斯也并不反常，只是他不知道女人需要更多时间来进入状态。

先对她表达爱

如果女士邀请你一起喝一杯，不要她刚一坐下就扑过去。先做一些体贴的举动，比如抚摸她的脸颊或拨开她脸上的头发。现在该说话了。这很艰难，因为一个男孩在母亲的子宫里就形成了这种不善于处理情绪和语言的特征。[19] 男人的大脑很难接受词汇对女人有着如此重要的意义，所以我想给你们提点建议。当然，我说的不是设定好的台词或谎话！

Chemistry Sparker 爱情助燃剂 48

先不要进行肢体接触，先进行语言交流

语言能发挥神奇的作用，帮助女性在性爱开始前冷静下来。深情地凝视她的眼睛，温柔地与她交谈，让她知道你觉得她有多可爱、多迷人，今晚你和她在一起有多开心。对于她来说，说话比激情的爱抚更加性感。

　　毕竟，如果你没有以下这些感觉，你就不会坐在这位女士旁边了。

爱情片的教育价值

　　男人们，通过观看爱情片，你会得到无价的信息，了解女人在幻想着与强壮、敏感、尊重人但有时鲁莽热情的男性交往。一位男性朋友告诉我，他从年轻人那里学会了"致命之吻"。他说："那家伙用双手捧起女人的脸，在她鼻子上轻轻吻了一下。然后微笑着抬起头，用手指轻轻地抚摸她的唇线。接着告诉她，她是多么迷人，并将她拥入怀中。"

　　更复杂的是，在这一切开始后，每个女人想要的都有些不同。

"哦，太好了，那她真正想要的是什么？"

　　先生们，发挥你们的强项，运用你们的灰质，直接问她。选择一个你们内心平静的时刻，最好是不会马上发生关系的时候。你可以这样说："你放松的时候看起来特别漂亮。"将谈话引向这个问题："做什么事情你会感到最放松？"她可能会说冲个热水澡、按摩、听音乐等。不管她的回答是什么，告诉记忆先生把它储存起来，当需要这条信息的时候提醒你。然后，当时机来临时，做出她最喜欢的安排。

有一次，我很幸运地走进一个"圈套"。当回想起来，我并不介意，因为这个圈套很可爱。我曾经和乔希约会过一段时间。一天，他坐在沙发上，温柔地握住我的手说："莉尔，我想问你一个问题，如果这个问题不太恰当，请原谅我。你有没有想过和我交往？"我没有告诉他，自从我们相遇以来，我一直在想这件事。我故作矜持地笑了笑，羞涩并试探性地说了声"有"。

乔希紧紧握住我的手，继续说下去："如果我这么幸运，我该怎么做？"我像阳光下的冰块一样融化了。他温柔地问我喜不喜欢音乐，喜欢什么样的酒、什么样的灯光。这一切感觉那么甜蜜和笨拙，我咯咯地笑起来。在我们下一次约会时，一切都准备妥当。所以，我也准备好了。

Chemistry Sparker **爱情助燃剂49**

请她描述一下她的秘密花园

男人们，我不太确定是否要推荐这个方法，除非你有信心你能成功，否则不要这么做，但我确实想要证明它的有效性。带着爱意（也许还要有点幽默）问她，她最喜欢的氛围是什么。然后下次见她的时候，把这一切都准备好。

为什么她首先需要这些东西？

　　当我还是个孩子的时候，妈妈给我举办了很棒的生日派对。其中最受欢迎的是生日早餐，主要是华夫饼，搭配了四种不同口味的糖浆——草莓、蓝莓、覆盆子和枫糖。当妈妈抱着几乎60厘米高的华夫饼走进来时，所有的孩子都惊讶得睁大了眼睛。女孩们开始鼓掌，男孩们则马上就开始行动了。

　　其中一个大男孩认真地把草莓糖浆倒入华夫饼的一个方格里。接着，他又把蓝莓糖浆、覆盆子糖浆、枫糖糖浆分别倒入不同的方格。其他男孩都认为这很酷，并效仿他的做法。但是，我们女孩子把各种糖浆混合在一起，创造性地制作出一种混合口味的糖浆。然后我们把装有华夫饼和混合糖浆的盘子递出去，和朋友们分享我们调制的食物。男孩们对此并不感兴趣，继续专注于把糖浆倒入不同的方格里。

方格与混合

　　成年男性也是这样生活的。在某一个方格里工作，在某一个方格里运动，在某一个方格里谈情说爱。这没有问题。但是，为了享受性爱，无论是男人还是女人都需要全身心地投入，不要去想其他事情。先生们，如果你不停地想起今天早上老板对你大喊大叫，那个混蛋升职了而不是你，或者你在做一场幻灯片演讲时停电了，你要怎么尽情享受呢？但和女人不同的是，当性爱来临时，你可以立刻把那些"垃圾事情"抛到脑后，跳进另一个方格里。

但女人做不到。她的神经结构决定了这是不可能的。只有当她压抑记忆、摒除杂念时，她才能彻底享受性爱。[20] 就像生日派对上女孩们会把糖浆混合在一起，我们这些成年女孩会混合成年生活中的所有元素。

男人们，女人需要时间来清除现实生活中所有令她讨厌的东西，否则，刻薄的老板和在工作中赢过她的同事就会和你们躺在一起。她在说这些话的时候，把灯关掉会使她性爱的欲望下降。因为女人更注重关系，你在今天、昨天和上周对她说的每件事都会影响她的性爱欲望。

你可以把女人的大脑想象成一大盘意大利面，它们都互相联系。如果性"面条"在盘子底部，她在把它扯出来的时候，就会同时带出它上面的其他几根面条。

如果你真的想让女性伴侣忘记一切，投入性爱，你必须用充满爱意的话语和爱抚她的全身，来清空她的大脑。

"但我没有时间每次都这样做！"你或许会提出抗议。我明白，男人们。请继续读下去，你会明白这一切是为什么。

女性没有下拉菜单和在线帮助

你充满爱意的话语会令她产生一种亲密的激素——催产素，你的爱抚令这种珍贵的激素增多，尤其是当你亲吻她的胸部时。

我并不期待你会去阅读《妇产科研究》杂志（*Gynecologic and Obstetric Investigation*），所以我会引用一些相关的内容。对女性性唤起的研究强调了抚摸女性乳房的重要性。不仅是因为这样做会令她感觉很好，乳房也是产生催产素的一个地方，因为乳房是哺育婴儿的关键器官。[21]

在爱情方面，催产素对女性而言非常重要。在怀孕期间，大自然母亲会让她产生大量的催产素，在分娩时催产素会惊人地增加 300 倍。这种令她产生依恋的激素会在她照料婴儿期间不断出现。因此，不论发生什么，妈妈将永远对这个从她子宫里出生的小家伙怀有很深的感情。这种激素让她想要与宝宝加深感情。

女性的皮肤比男性更敏感，更能引起女性的欲望。相比之下，男人们，你的身体就像一次单程旅行。

然而，她在性旅途中有多个"性停留点"。她大脑中的不同部分随着每一次停留而兴奋。探索更广阔的性敏感地带能刺激她的快乐岛，而探索她身体的各部分需要时间。

为什么他不拥抱我？

女性常常会把摇滚明星、电影中令人心跳的男主角，或者刚刚遇到的男性作为性幻想的对象。但当我们与某个男人同床共枕时，我们脑海中的画面通常都是围绕着他。[22] 我们回放他做了些什么，没做什么，我们希望他做了什么，而且我们希望他在性爱结束后更深情一些。

我能体会数以百万计（不，是大多数）女士的感受，她们认为如果一个男人在性爱后不拥抱自己，那意味着他不在乎自己。现在，我希望通过化学方面的证据来打消这个想法，证明它不是真的。

性爱后男人的神经结构决定了他不会拥抱对方。我想说的是，高潮时释放的催产素会对男性大脑产生催眠般的影响。这是一种普遍的男性症状，叫作"性交后嗜睡症"。当催产素与其他性化学物质混合时，产生一种类似于褪黑素（在人体生物钟中起着重要作用）作用的物质，让他昏昏欲睡。[23]

让一个男人在性爱后保持清醒是一种苛求，这与他是否在乎你毫无关系。

在我的一个研讨班上，我谈到女人在性爱后多么希望听到情话，还引用了几部浪漫小说中的对话。

"我亲爱的女孩，我想永远抱着你。"

"抱着你，我就身处天堂了。"

"我可以像这样幸福地在你怀里死去。"

我觉得很有趣，于是问班上的男士，他们在做爱后有没有最喜欢说的话可以推荐给班上的女士，让她们可以教教自己的男朋友。屋子里的男士都一脸茫然地看着我。

"嗯，那么，你们通常会说些什么？"我问道。

短暂的停顿后，一位男士举起手说："呼呼呼呼呼"。男士们一边大笑，一边拍打着他们的膝盖。女孩们扮了个鬼脸，心照不宣地点点头。

对进化更好奇的人可能会问，为什么大自然让男性经历这些？（这样问的通常是对此不满的女朋友或妻子。）大自然母亲之所以让他在做爱后昏睡，是因为他不能立刻来第二轮。如果他打个小盹，恢复了精神，他可能就可以再来一轮。

Chemistry Sparker **爱情助燃剂 50**

让他在性爱结束后小睡一会儿吧

男人高潮后，就像吃了安眠药一样。他昏睡过去并不意味着他不想抱你、亲吻你，而是他在生理上做不到！抱怨、指责或坚持依偎在一起，对你们的关系毫无帮助。

谁会点燃你的爱火，
是你决定还是大自然决定的？

现在，我要说另一个鲜为人知的性事实。有时候，你们的关系并不是命中注定的，在你们第一次接吻时，大自然母亲会立刻让你知道你们是否适合在一起。

男人们，假设你和她第一次约会进展顺利。她比你想象中更有魅力、更温柔、更有趣。当你划着租来的小船，她赞美了你的肌肉。事实上，你们玩得太开心了，很晚才划着船回到岸边。船主把船系好后，你往他湿漉漉的手里塞了几张美元。船主不停地向你道谢，她则赞赏地仰头望着你。这真是一场完美的约会。她和你兴趣相投，你微妙而睿智的幽默给她留下了深刻的印象，你们甚至在酒吧点了同样口味的比萨。你也许觉得她就是你的"真命天女"。你从她的态度看出，她可能对你有同样的感觉。

你们站在她家门口的台阶上，她迷人地向你靠过来。你知道她很期待你的吻。当你的嘴唇触碰到她的嘴唇时，你吻了进去。

突然，她僵硬地把你推开，找了个牵强的理由冲进屋子。你惊呆了。发生了什么？一切似乎都那么完美。"我做错了什么？"你问自己。

女人们，你的约会对象按响了门铃。你最后照了照镜子，在双耳后面喷了一点香水，跑下楼梯，把门打开。哇哦，他比你记忆中他上周的样子更帅！你知道你看起来也很美。你在他的眼中看到了智慧、温暖和幽默。这是一个神奇的夜晚，你们聊了一个晚上。你认为你已经找到了"真命天子"，并且猜测他也是如此。

后来，在日出之前，在车里，你们深情地拥吻。天啊，这感觉很好。

但他突然坐了起来，对你微微一笑，在你脸颊上轻轻吻了一下，然后发动了车子。你目瞪口呆。发生了什么？一切似乎都那么完美。"我做错了什么？"你问自己。

你们什么都没做错！但是，大自然母亲并不高兴。如果她不高兴，没有人会高兴。那她为什么不让你们结合呢？因为她认为你们的孩子可能达不到她的生存标准。

"什么？她究竟是怎么推断出来的？"你问道。

寻找"气味"相投的伴侣

每个人都有一组独特的染色体，控制着身体抵抗感染和疾病的能力。

每个人体内微小的寄生虫的繁殖速度比兔子还快，而这些带有细菌的小混蛋正准备攻击你的免疫系统。如果你和有相似细菌的人结合，那么这些臭臭的细菌就会联合起来，最终打败你孩子的免疫系统。[24] 这就是兄弟姐妹和其他近亲不应该结合的原因。二十年后，即使免疫系统脆弱的小孩能长大成人，他或她也无法生出健康的婴儿。大自然母亲不喜欢出现这样的情况。所以，如果你们体内的微生物太相似，她就会用她的化学装置让你觉得约会对象的气味或唾液令人反感。[25]

我曾经在一个亲密关系研讨班上解释过这个现象，它叫作你的主要组织相容性复合体（Major Histocompatibility Complex, MHC）。一个学生感到自己被侮辱了，他举起手说："嘿，我没有任何情结。"我向他保证，MHC 不是一种情结，它是一种普遍的生物状态。

我不喜欢引用下面这项已经陈旧的研究，但它有点令人难忘。在这项研究中，研究人员说服女士们去闻一组已经穿了一个星期的男士 T 恤。[26] 结果表明，女性喜欢和自己气味不同的男性腋下气味，或者说 MHC。（坦白地说，姐妹们，你们难道从来没有在男朋友不在家的时候偷穿过他的衣服吗？）但是，那些散发着和自己一样气味的人（像家庭成员的）的 T 恤，让他们感到恶心。这就是为什么异性兄弟姐妹的气味不能激起大多数人的性欲。

如果性伴侣的气味与你不同，那么这种自然的气味比任何香水更能让你们彼此亲近。我指的不是肠胃胀气、口臭或脚臭的味道。我指的是毛发浓密、容易出汗的身体部位，人体自然的香味是通过顶泌汗腺散发出来的。好吧，就是你的腹股沟和腋窝。这些凹陷处通常会泄露大量重要的内部信息。

女性对气味的感知能力比男性强，这不仅仅是为了知道宝宝的尿布什么时候该换了。因为她是真正的择偶者，她需要特别善于嗅出哪个男人适合自己。[27] 当心，在几米远的地方她也能闻到你脚上的臭味。

先生们，当你们第一次见面时，对方可能会喜欢你最钟情的男士香水。这表明你很整洁，注意自己的仪表。但在床上的时候，她更喜欢原始的男性香气。在初吻时，男人对这种芳香物质不那么敏感，因为他在想别的事情。"为什么要让一点难闻的气味妨碍我的好事呢？"他会这样想。

当你在寻找一个性和谐的伴侣时，法式接吻是一个很好的测试。白额鹦鹉在这方面做得比人类还要好。当两只鸟张开喙触碰对方的舌头后，雄鸟会把午餐吐在雌鸟的胸前。[28]

你真的需要知道这些，不是吗？

女人们，如果你的伴侣没有通过气味测试，无论你多么爱慕他，他都不是适合你的伴侣。男人们，她的香味现在可能不是一个大问题，但从长远来看，与她发生性关系可能会令你感到厌恶。

这一次你们俩都应该说："大自然母亲，谢谢你，你让我们知道我们不是天作之合。"

Chemistry Sparker　爱情助燃剂 51

不要在性爱的时候喷涂好闻的东西

女人们，男性会因你的天然气味而兴奋。男性的潜意识认为，处于排卵期女性的气味是世界上最甜美的气味之一。[29]这种气味会令他发疯。所以在钻上他的床之前，请先洗掉身上的香水。

先生们，让她把鼻子埋进你（刚洗过的）腋窝里比涂上你最喜欢的须后水更让她兴奋。让你的自然香气刺激她的性欲。

我希望香水行业不要雇用律师来找我，因为下面的提醒可能会毁了他们每年数百万美元广告的投资回报率。

正在服用避孕药的女人们，请仔细阅读

这项"臭味"研究在服用避孕药的女性身上却得出了相反的结果。她们更容易被气味相似的男性吸引。[30] 为什么？这是因为避孕药能模拟怀孕的气味。大自然母亲是这样想的："如果你已经怀孕了，和一个令你兴奋的男人在一起对你来说毫无意义。"

这时候，你最好与你气味相似的人在一起，比如你的血亲，来帮助你抚养孩子。

"如果你还一直想和孩子的父亲做爱，他就不会出去找别的女人，让她怀孕，再生一个孩子让你来抚养。"大自然母亲真是神奇！

女孩，这件事的底线是，在你服用避孕药期间，不要选择气味好闻的幸运男人做你永远的伴侣，并和他生孩子。你应该不希望当你不再服用避孕药后，有一天在他身边醒来，心想："呃，这家伙太臭了！"等你停止服用这种模拟怀孕的药片后，再看看谁的气味比较好闻。

如果你和男人之间的关系"到目前为止还不错"，那非常好。你们每次约会后都会期待下一次约会，性生活很和谐，你们想要在床上共度三天三夜，只是订客房服务就好。大自然母

亲非常欣喜，因为她的化学物质在起作用。最初，多巴胺是这艘爱情之舟的船长，在驾驶台上手舞足蹈。睾酮和雌激素在舵轮上欢快地歌唱。看起来你们正在通往"永远幸福快乐地生活下去"的道路上。但如果你不盯紧指南针，这三个迷糊蛋就会把你带进狂风暴雨的水域。不过，只要多掌握一点知识，你就能控制更深层次的爱情，让爱情之舟永远平稳地航行下去。

Chapter 8

维系长期的亲密关系

你们约会已经快一年了。你们的关系充满乐趣，性爱令人意乱情迷。分开令你们很痛苦，在一起的时候会有一种奇妙的感觉。也许他就是那个"命中注定的人"。也许你以后会永远爱她。你开始感觉自己很认真——这真的很棒！

嗯，大部分时间都是如此。女人们，你会担心，因为有时他无缘无故地闭门不出，甚至不告诉你他在想什么。男人们，你迅速地爱上了她，并真实地爱着她——但你开始怀疑你们能否永远在一起，因为有时她会因为"一些无关紧要的小事"而变得过于情绪化。他会生气，她会变得易怒，你们都开始担心对方可能会离开。

情侣分手的最大原因并不是争吵，不是不忠，甚至不是不信任，而是两人之间的关系逐渐变得令人失望和恼火。这非常遗憾，因为你们在生活中的重要事情（信仰、价值观、目标和兴趣）方面或许非常合适。

但在很多情况下，一方开始发现另一方在生气，然后就会放弃一段可能近乎完美的亲密关系。

为什么这种现象如此普遍？因为人们不明白他们是在和一个在化学和神经解剖学上与自己完全不同的物种打交道！有一些书籍试图教会我们该做什么、说什么以及说对方的语言。但这还不够。你必须学会如何在一个不同的世界里（另一种性别的大脑中）思考。

《男人来自火星，女人来自金星》告诉我们两性之间的区别是什么

现在我会告诉你为什么许多两性关系的问题深深植根于两性之间的差异。这一点你几十年前就知道了。大约二十年前，作家约翰·格雷（John Gray）用一种聪明而迷人的方式向世人介绍了两颗行星——火星和金星。[1] 当时，读者们对火星先生和金星女士彼此面临的挑战做了大量的笔记：

火星先生	金星女士
火星会隐藏他的感受。	金星想要分享。
火星不会倾听。	金星会更多地交谈。
火星很快就会提供解决方案。	金星会主动提供建议。
火星希望感到自己被需要。	金星需要感到自己被爱。
（在争吵中）火星的反应是愤怒。	金星的反应是情绪激动，流泪。

自《男人来自火星，女人来自金星》出版以来，一切都没有发生改变。男性依旧隐藏自己的感受，依旧不懂得倾听，依旧提供解决方案，依旧希望感到自己被需要，争吵时也依旧以愤怒来回应。女性依旧分享感受，依旧会更多地交谈，依旧会主

动向别人提出建议，依旧需要感到自己被珍视，争吵时依旧会情绪激动，眼泪汪汪。

这在我们有生之年都不会改变。我们生来如此。

一定有些人和我一样，对性别差异感兴趣，下面我还会举一个例子：在幼儿园里，一个小男孩喜欢玩具有竞争性的游戏，更快、更经常生气，经常和别人打架，更少、更迟地表露自己的想法，不会热情地欢迎其他孩子加入他的游戏，需要更大的游戏空间，对朋友的感情不那么敏感，对东西比对人更感兴趣，和家人道别的时间平均为 36 秒，喜欢听英雄模范的故事，会玩卡车和可活动的玩具。如果有人强迫他玩洋娃娃，他会把它们当成轰炸机来用。[2]

相反，小女孩更少玩竞争性的游戏，生气得更慢，生气次数更少，更少打架，会更快、更多地表达自己的想法，欢迎其他孩子加入她们的游戏，对朋友的感情更加敏感，需要较小的游戏空间，对人比对东西更感兴趣，和家人道别的时间平均为 93 秒，在听故事的时候会认同受害者，喜欢玩洋娃娃（不是当成轰炸机来玩）。[3]

随着不断长大，我们改变了很多吗？神经学家罗恩·约瑟夫博士（Dr. Rhawn Joseph）写道：

> 我们每个人的内心深处都有一个孩子，那就是过去的我们。这个孩子造就了我们在过去、现在以及未来的基础。[4]

那么，为什么在《男人来自火星，女人来自金星》诞生多年后，仍有一半的婚姻以离婚收场呢？约翰·格雷告诉我们该如何改变自己的行为，但不幸的是，在当时相关神经学方面的研究还没有出现。

知道和真正了解原因之间有很大的区别。你知道汽车会熄火，但除非你了解引擎盖下的结构，否则你无法修理它。除非你知道应该往油箱里倒入什么，否则它就会一直发出咕噜咕噜的声音。同样，除非你知道火星和金星之间之所以不同，是因为神经解剖学、神经化学和神经心理学，否则你不会记得她在指责你"做了什么"或他做了"那件事"时自己该说什么。仅仅记住一些说辞是不够的，这样做也无法避免再犯同样的错误。

当你还是个孩子，你就知道你不应该去舔冰冻的旗杆，因为妈妈告诉你不要这样做。但只有知道了原因，你才会真正明白：舌头上的湿气会瞬间冻结，把你的舌头和旗杆冻在一起。当然，在等待救援队的时候，你有足够的时间来思考热导率，但到那时就太晚了。

除了科技方面，孩子在很多方面都比他的长辈更聪明。一旦他觉得有一千把镊子在拉扯他的味蕾，那么无论如何，他都不会再舔旗杆了。

然而，成年人并没有从生活中吸取教训。他们结婚了，却没有意识到配偶的大脑与自己的大脑在生物学和神经学上存在巨大的差异（以及进化上的影响），于是陷入了困境。撕扯的过程痛苦得令人难以忍受。当他们再次出发，却再次被困住。后来，他们找到了新的伴侣，发誓要永远在一起——"无论贫穷还是富有，疾病还是健康，我们会彼此相爱，直到死亡将我们分开"。

不幸的是，对许多夫妻来说，应该是"直到误解、嫉妒或'我不再爱你了'把我们分开"。

打个比方，极少数幸运的人能够安全地游过他们爱人大脑中的突触之河，来到对岸。而其他 99% 的人需要穿救生衣，才能避免在这条陌生的河流中溺水。

纱线球与纸盒堆

就在上周，乔治和我坐在沙发上选择要看的影院的电影列表，决定看汤姆·汉克斯（Tom Hanks）的最新电影。在考虑是看早场还是晚场时，我对他说："乔治，你知道汤姆·汉克斯已经当祖父了吗？"

乔治疑惑地看着我问道："嗯？那和我们去看六点还是八点的电影有什么关系呢？"

"没什么，"我喃喃地说，"我只是想提一下。"

要是在一年前，他的回答会激怒我。但这一次，在写完这本书后，我终于控制住了自己。

我只是吻了吻他的脸颊，说："乔治，你真是太……男人了。"

"你想让我变成别的什么吗？"他笑着说道。

我拉起他的胳膊搂住自己。"不想。"我撒娇说道。

他吻了吻我的脸颊，然后我们又继续开始选择电影列表。

然后我问他："乔治，汉克斯已经是一名祖父了，但他仍然是性感男人的重要代表，你不觉得这很有趣吗？你认为有多少成为祖母的女人仍然是性感女人的代表？"

听了这话，他突然站起来，走到另一个房间想去做点其他事情。我意识到，哎呀，我再一次陷入"女性大脑"的思维模式。如果我是和女性朋友聊天，那么从看电影聊到演员汤姆·汉克斯，再到汤姆·汉克斯是一名祖父，再到男性性感代表的年龄，再对祖母辈的女性性感代表开个玩笑完全合乎逻辑。我们甚至可能开始讨论我祖母过去是如何用高压锅做饭的。所以，我们女性可能在这一分钟谈论电影，下一分钟就开始谈论高压锅。任何女人都会理解这一点，但是乔治、你的兄弟、你的父亲、你的男性伴侣不会理解。

他盒子般的大脑

女人，想象一下有一个大盒子，里面有很多小盒子，男性的大脑就是这样的结构。大脑内部的盒子没有紧密地堆放在一起，事实上，盒子与盒子之间甚至没有接触。男人可能不会把袜子整齐地叠好放进抽屉里，但他会把所有的想法整齐地塞进大脑中不同的盒子里，就像我生日派对上的小男孩们往不同的格子里倒糖浆一样。

为了快速思考女人谈论的"相关"话题，他必须在神经细胞之间宽阔的突触河流中航行一段较长的旅程。然后他需要时间来确定这个想法应该被归入哪个盒子。所以，当你从一个话题快速地转移到另一个话题时，他会认为你的想法有点混乱。

你无法轻松地与他谈论，这让你感到很生气。

女孩，感谢他的大脑区域是这样划分的。这样男人有能力在一段时间内专注于一个问题，因为所有关于这件事情的想法都被压缩进一个小盒子里。[5]他想待在那儿，直到自己弄明白为止，如果你想把他拽出来，他会拒绝。当时，乔治大脑里的盒子还在思考"早场电影"和"晚场电影"孰优孰劣，而一个"完全失去理性的女人"却在喋喋不休地说着"祖母做不了性感的代表"。

Chemistry Sparker 爱情助燃剂 52

如果你要切换盒子，请告诉他一声

女人们，当你和潜在伴侣谈话时，你可能想说一些与当时话题相关的内容，但他可能看不到两者之间的关联。记住，男性的神经细胞分布更稀疏，这会减缓神经连接的速度。他拥有的无髓灰质的量比女性多 6.5 倍，它们又进一步减缓了神经连接的速度。所以，当你和他说任何他可能认为无关的事情前，先向他解释一下两者之间的联系。如果他看起来很困惑或恼怒，你可以用下面这个句式快速说出自己的观点："关键点是……"

她纱线球般的大脑

相反，男人们，她的大脑不是一套按顺序摆放的容器，你可以把它想象成一团纱线。任何一位编织者都知道，要把纱线整理储存起来，需要从一个纱线圈开始，然后把纱线一层一层地绕成团。当纱线球逐渐形成时，你可以慢慢旋转它，直到把纱线全部缠绕上去。

每根纱线的方向略有不同，但它们之间的联系比"盒子"要紧密得多。她的神经细胞更紧密地联系在一起，这意味着她可以毫不费力地从一个话题转移到另一个话题，而你可能无法理解其中的联系。

一些男人会认为这种切换是"奇怪的"。

Chemistry Sparker 爱情助燃剂 53

理解她纱线球般的大脑

男人们，女人的白质比你多 10 倍，所以她当然会快速形成某些想法。对于你更理性的大脑来说，她的评论听起来像是突然冒出来的。下次当她提出一些看似不相关的事情，让你感到很困惑时，要么试图找出两者之间的联系，要么微笑着耸耸肩，然后想："这就是我的女孩。"

不要为这件事抓狂。尽力找到新话题与你们正在讨论的内容之间的联系。如果你做不到，那就记住在她的大脑里这两个话题是相关的。这位女士脑海中的数百万个紧密相连的神经元组成了错综复杂的迷宫，传送信息的速度比蜥蜴吐舌的速度快1000倍。先生们，在某些情况下，你们会发现这对你们是有利的！

纸盒与纱线球的交织

你可以试着把自己的一些想法归入盒子里，这不仅能帮助你与爱人更好地相处，还能避免让你对很多事情感到生气。几个月前，理解了盒子与纱线球的概念，给我的生活带来了两个小小的帮助。

理解它们不仅让我避免被乔治质疑，还让我买到了几件很可爱的内衣。

他做了一个愚蠢的决定，那就是和我一起去购物。那天，他在内衣部附近的安全区域等我，那些尴尬、无聊、不耐烦的丈夫们常会去那里。我把我想买的一个内衣放在柜台上，告诉售货员我非常喜欢它，我还要买配套的内裤，然后马上就去取了。几秒钟后我回来结账时，有三位女士已经排好了队。我站在旁边，自然希望女售货员下一个帮我结账，因为我是第一个到那儿的。尽管我清了清嗓子，她还是没有理我，继续为别人结账。我怒不可遏，愤怒地冲到乔治那里，用厌烦的口气说："我们走！""为什么？"他问道。

"因为我不想从那里买任何东西！"我气急败坏地说，"我在排队，只是离开了几秒钟去拿别的东西，然后她就不管不顾，开始给新来的人结账，甚至没有对我微笑一下或道个歉！"

"那和内衣有什么关系？你想买它吗？"乔治问道。

"想啊！"我几乎喊了出来，"但是……"

"所以呢？"他打断了我，"其他顾客在你回来之前就已经准备好要付账了。"我开始对他发火，但幸好我了解了这些新知识，我理解了他。对于他来说，内衣在一个盒子里，而我对销售人员的愤怒在另一个盒子里，他认为这两个事实是相互独立的，而我认为它们是交织在一起的。

我哼了一声，走了回去，拿起我要买的东西，重新开始排队，我意识到他是对的。谢谢你，乔治。

你在想什么？

女人们，把你的左手放在《圣经》上，举起右手，现在，告诉我你从来没有和男人进行过如下的交流。

你：你在想什么？

他：什么也没想。

你：哦，算了吧。告诉我吧。

他：真的，什么都没想。

你：什么意思？你一定在想些什么。

他：不，真的没有想！

女人们，他说的是实话！对于我们来说，"什么都不想"是难以想象的。我们永远不会停止思考，因为我们大脑中的"居民"在不断地交流，虽然表面上看来波澜不惊。然而，他却会长时间保持沉默。当他的盒子里没有什么问题需要解决时，他就会什么都不想。他的盒子可能是空荡荡的，什么都没有。空无一物、一声不吭，什么都没有。

随着一段关系发展成熟，我听过许多女人抱怨："我和他没什么可谈的。"但你有没有听到哪个男人抱怨过："我妻子和我再也找不到可聊的话题了。"他不在乎，因为对他来说，沉默在另一方面意味着亲密无间。[6]

据说，有一天晚上，诗人威廉·华兹华斯（William Wordsworth）拜访了他的好友塞缪尔·泰勒·柯勒律治（Samuel Taylor Coleridge）。两位绅士沉默地坐在火炉边，心满意足地抽着烟斗，一言不发。时间一小时一小时地过去，后来华兹华斯先生站了起来，握住他朋友的手说道："柯勒律治先生，这是一个愉快的夜晚。"

柯勒律治回答说："这是我的荣幸。"他们的回答都是认真的！

你能想象两个女性朋友像那样一起度过一个晚上吗？男性喜欢静静地坐在一起，只是放松。乔治是那种"沉默寡言的坚强男人"，当我们在一起的时候，我常常绞尽脑汁地想找些话题来聊。我觉得为了交流，我们必须不停地交谈。

我在神经学方面了解到的知识给我的亲密关系带来了帮助。现在，乔治和我有时会在晚餐过程中进行一些随意的交谈。我看得出来，待在某一个盒子里的他更快乐，而我正学着安静地和他坐在一起，享受自己那纱线球般的思绪。

Chemistry Sparker　爱情助燃剂 54

不要硬闯进他的盒子

不要问你的潜在伴侣他在想什么。当一个男人压力很大时，他想蜷缩进那个舒适的"空盒子"，如果你试图把他拉出来，他会生气。不管他多么爱慕你，有时他宁愿独处也不愿聊天。如果你问他"你在想什么"，就是在打扰他的私人派对。如果你什么也不问，那么当他走出来时，他会觉得与你更亲近了。

对此你有什么感觉？

男性永恒的疑问是："女人真正想要的是什么？""对此，你的感想是什么？"是这个疑问的续篇。我的地下室里有很多书，里面提出了诸如"如何让男人分享他的感觉"之类的荒谬建议。以下是我读过的最糟糕的建议。（为了避免让作者感到尴尬，我就不提他们的名字了，其中一些作者可能是我们耳熟能详的。）他们建议女性对爱人说：

（1）"亲爱的，我知道男性角色要求你坚强、客观、冷静，但如果你能对我敞开心扉，在我眼里你更有男人气概。"

（2）"有感觉是正常的。这不是软弱的表现。"

（3）"我怀疑你对我有所隐瞒。"

（4）"我一直在和你分享我的感受，现在我只是想要你也这样对待我。"

首先诚实地和他分享你的感受，然后告诉他："看，这并没有那么难。现在轮到你了。"

那些书里出现的有史以来最糟糕的建议是"在询问他的感受时，一定要直视他的眼睛"。显然，男性在凝视着别人的眼睛时并不能很好地进行交流。

实际上，男性之间最深入的交流是肩并肩地坐在散兵坑里，向敌人进攻。

女人们，如果他坚持要你做一些你做不到的事情，比如把他抱起来，举过头顶，你会怎么想？如果他对你说下面的某句话，你觉得你能做到吗？

（1）"亲爱的，我知道女性角色要求你要温柔，有女人味，不要肌肉发达。不过，如果你把我举过头顶，在我眼里你就更有女人味了。"

（2）"你可以把我举起来的，没关系的。这并不代表你过于强壮。"

（3）"我怀疑你对我隐瞒了你的体力。"

（4）"我一直会把你举起来，现在我只是想要你也把我举
　　 起来。"把她举起来，然后说："看，这并没有那么难。
　　 现在轮到你来举起我了。"

为什么他结结巴巴的

正如我在简介中所言，语言由大脑的左半球控制，而情感
由大脑的右半球控制。男性和女性的大脑被由 2000 万神经纤维
组成的胼胝体从中间一分为二。但对于你和异性来说，这条分
隔带的神经细胞的密度存在很大差异。[7]

男人的语言和情感之间就像隔着一道长城，而女人则是隔
着一道尖木桩篱笆墙。

当他的语言半球指挥他说话时，他需要花更多时间来联结
长城另一边的情感。而女人则会像跳皮筋一样来回跳过障碍物。

所以，不要让你的爱人解释他的感受。他并不是不想谈论
自己的感受，而是他做不到，因为人不喜欢承认自己做不到某
件事，所以他会很生气。姐妹们，如果你决定继续与他交往，
就不要期待伴侣过多地谈论感受。不过，了解你的男人对某件
事的感受对你来说非常重要，我会为你提供一条小小的建议。

Chemistry Sparker 爱情助燃剂 55

用谈公事的语气提出你的问题

在他不需要盯着你的眼睛时，用更正式的语气提问，比如"对此你有什么看法""让我问你几个问题"或者"你对这种情况有什么看法"（千万不要用"感觉"这个词）。而且，一开始千万不要说"我们需要谈谈"。

男人们，女人的情况正好相反，询问她的感受能让她感觉与你更亲近。

Chemistry Sparker 爱情助燃剂 56

问她"对此你有什么感觉？"

男人们，下次当你和女性伴侣在任何时间、任何地点谈论可能会令某一方产生情绪的话题时，凝视着她的眼睛深情地问："对此你有什么感觉？"她一定会感觉非常幸福，她会觉得与你非常亲密，从而感到无比的快乐。

微表情的秘密

先生们，表达自己的感觉很难，对于你们来说，分辨她的感觉更难。如果你把观察爱人流泪的眼睛放在一个盒子里，把她颤抖的嘴唇放在一个盒子里，把她低垂的头放在另一个盒子里，你怎么可能把点点滴滴联系起来，确定她现在很难过呢？此外，从小你就被灌输了这样的观念：表露自己的情绪是软弱的表现。所以你可能会想："我确定她不想让我注意她的情绪。"

我想帮助你改变你的想法。请思考一下阅读对方情绪的好处。我会用一种适用于男性的方式来表述。现在，你坐在牌桌上，灯光很暗，烟味很浓。你越过一堆堆筹码盯着对面那个家伙，现在只剩你和他了。你手里拿到一把顺子，但这家伙还在不断加筹码。他的表情很平静，他的眼睛一直盯着你的脸。怎么回事？他是虚张声势吗？

你抓住了机会。你叫了牌，然后摊了牌。

太棒了！你赢了这一局。

你是怎样智胜对手的？你拥有阅读微表情的天赋，那些细微的表情不容易观察到。

你的对手屏住呼吸，一直盯着你，一刻都没有移开。但他在一瞬间扬起了眉毛，然后迅速地掩饰，恢复了原状，而你观察到了这一切，感觉到他的恐惧。对于你来说，这就像闻到牛粪一般清楚明了。

在商业和体育界，最大的赢家都是阅读情绪的专家。世界级的棋手能感觉到对手拿棋子时手有多稳，下棋有多快。对手的面部和身体会透露出他的策略、熟练程度和决心，前提是你要知道如何读懂他。所以，男人，去尝试掌握阅读微表情的技巧，你只需要做一点练习。

坚持听一下我的建议。第一步：下载一部电视剧，关掉声音观看。你会在演员的脸上看到各种各样的情绪——愤怒、接纳、期待、厌恶、悲伤、惊讶，以及两种情绪兼有的数百种情绪。看看你能辨认出多少种情绪。

第二步：打开声音，再看一遍。平均而言，女人能正确辨认出 20 种情绪中的 18 种。[8] 如果一个男人能辨认出 5 种情绪，那他已经做得很好了。

现在关掉声音再看一遍，练习、练习、练习。你很快就会掌握读懂情绪的窍门。

前陆军心理学家保罗·艾克曼（Paul Ekman）曾被《时代》杂志评选为"2009 年全球百位最具影响力的人物"之一，他经常对警察审讯人员进行培训，协助他们掌握阅读表情的艺术。现在，他开发了一种程序，仅仅观察一对夫妻互动 15 秒，就可以判断他们是否会走向离婚。[9] 他们对彼此微妙情感的冷漠态度会极大地影响他们之间的感情。

为了让你们之间的爱情保持火花，你可以试着做一些调整，捕捉她的微表情。

Chemistry Sparker **爱情助燃剂 57**

观察她的微表情

男人们，对女人的感受保持敏感有助于维系你们之间的感情。培养一下自己在这方面的能力，当你发现她不高兴时，询问她怎么了，然后聆听，点头。聆听，表示同情。继续聆听，安慰她。并且在她提问之前不要提供解决方案。

男士们，你们需要观察并接纳她的情绪的另一个原因是：如果你不这么做，她就会生气，开始和你争吵。由于她的情感区与语言区之间的联系比你更紧密，所以你可能吵不过她！

我们是好好谈谈，还是决一胜负？

我永远不会忘记我在西雅图那次的经历。伯纳德（Bernard）是一位曾经邀请我开办研讨班的客户。那天，他到机场来接我，在去酒店的路上，他向我简要介绍了团队的情况、房间的布置、影音设备的安排，还给我看了他打印出来的讲义。然后，我们车前面的一辆本田车突然来了个急刹车，两辆车差点儿撞上。我转向伯纳德，想对他说，他看到那辆车刹车并停了下来，这是多么幸运，但他已经在对那辆车狂怒地挥舞起拳头。那辆车的司机大吼道："你这个白痴，我必须停下来，否则我就会撞到我前面的车。"

"你差点儿害死我们。"伯纳德吼道。这时，本田车的车窗里伸出来一只竖起中指的手。伯纳德猜想那根手指的主人不会像胡克·霍根（Hulk Hogan）和迈克·泰森（Mike Tyson）那般强壮，便跳下车去。我只看到两张通红的脸和挥动的胳膊。最后，他怒气冲冲地回来，但在此之前，他用拳头砸了对方的车。为什么他的反应如此激烈？因为男性的边缘系统与身体区之间的联系比与语言区之间的联系更紧密。[10]

"浑蛋！"他低吼道。我心想，"浑蛋"这么做确实是有原因的，但我当然没有说出来。为了避免撞到前面的车，他只能刹车。伯纳德发着牢骚钻进车里，我假装在看讲义。

那天他在车里失去了一些东西——我对他的尊重。如果他是我的男朋友、兄弟或丈夫，我会大发雷霆，然后在接下来的旅程中努力向他解释为什么对方是对的。那个"浑蛋"确实需要急刹车。然而，如果是现在的我遇到这件事，我会认为伯纳德发怒就像男性打了一个粗鲁的饱嗝那样寻常。睾酮把他的情绪直接带入肱二头肌，让他失去了理性。

后来证明，伯纳德是一位理想的客户。不幸的是，由于他之前不理性地发了脾气，我没能给予他应得的尊重，也没有向他表达感谢，现在我有些后悔。

女人们，你的男人并不是龇牙咧嘴，或者紧握着他的小拳头出生的。

当他第一声啼哭时，愤怒和攻击的回路已经形成了。[11]当医生握住他粉红色的小脚把他倒拎起来，拍打他的屁股时，这个刚出生的小家伙可能想杀了他。

当然，进化也发挥了作用。如果伯纳德是克鲁马努人，他发现自己面对一只非常生气的母狮子，而不是手指纤细的本田车司机，他应该怎么做？是说"乖猫咪，蹲下"还是说"让我们谈谈"？不，他会拿出手工制作的斧头，或者把他的三刃镰扔出去。洞穴里的女人们很高兴。自己的妻子没有因为他愤怒的反应而责骂他，他也很高兴。

另外，还有其他的原因。不要忘记他在童年时一直被灌输"孩子，让他们看看你有多强"的观念。认知科学的解释是："女性大脑边缘（情感）系统的活动与语言反应区域相连"，而"男性大脑边缘系统的活动与运动/身体反应区域相连"。[12]从某种意义上来说，他的愤怒物质直接冲向了拳头，而她的愤怒物质则流向了舌头。当他生气时，他的杏仁核会说："扣动扳机。"而当女人生气时，她的杏仁核会说："把这件事告诉你的一个女性朋友。"

男人们，我想给你提出的建议正好相反。当她有情绪的时候，让她把所有的细节说给你听。如果很不幸，你是她生气的原因，那么只需静静地聆听，然后重复下面某一句或几句话：

"我很抱歉（她对你的指控）。"

"你完全是正确的。我没有权利（她对你的指控）。"

"我不敢相信我是如此的轻率（她指责你的内容）。"

"你能原谅我（她对你的指控）吗？"

"我保证，（她指控你的内容）再也不会发生了。"

Chemistry Sparker **爱情助燃剂 58**

他生气的时候别说话

　　女人们，他的边缘系统是与身体而非语言区域相连，加上进化影响和他的成长经历，以及比平时多 10 倍的睾酮，你认为会发生什么？

　　请忽略和原谅他的爆发。他的大脑结构、进化因素和成长经历导致他会发怒，但这一切会过去的。

然后，等她平静下来后，拥抱她，告诉她你爱她。

看看是不是很简单？

Chemistry Sparker **爱情助燃剂 59**

详细地询问她

　　男人们，当你的伴侣生气时，不要转身离去。让肢体语言变得温柔一些，直视她的眼睛，询问她是什么让她心烦意乱。她的情绪更多地与语言区联系在一起，所以她不像你，她喜欢把心里的想法说出来。经常点点头，时不时说一句"我理解"。然后说一些类似上面的话，再给她一个拥抱。不要以牙还牙，而是用加深感情的方式熄灭她的怒火。

　　恭喜你们，到目前为止，你们都做得很好。女人们，你用端庄的外表找到了心仪的伴侣，用你的优良品质迷住了他，点燃了他的爱意。男人们，你在女人面前表现出你是当丈夫的优质人选，让她爱上了你。你们都与大自然母亲合作，让你们之间的亲密关系更有激情。你了解了神经解剖学和化学方面的相关知识，发现了异性那盒子或纱线球般的大脑，驾驶着爱情之舟远离了嶙峋的岩石。你欣喜若狂，告诉所有人你"恋爱了"。现在，让我们来学习一下如何坠入爱河，使你们之间的感情变为真正的爱，让对方渴望与你天长地久地在一起。

Chapter 9

愿你坠入爱河，嫁给爱情

你恋爱了……生活是美好的……你的内心充满喜悦，每个人都注意到了。你总是微笑着，有时开心得哼起歌来。即使下雨，这个世界也比以往都更明亮、更美丽。那些曾经让你烦恼的事情，比如交通堵塞、烦人的同事等，都能让你微笑对待。除了和你爱的人在一起，其他什么都不重要。这个兴奋和激动的爱情阶段令你着迷。你的快乐岛被多巴胺淹没了，你感到纯粹的狂喜。享受每一个愉快的时刻吧！

幸运的是，现在你意识到，歌曲和诗歌中描述的爱情正对你的大脑展开一场化学袭击，这是一种美妙的袭击。了解这个过程，可以帮助你做出人生的最佳选择，或者避免你犯严重的错误。在跨出重要的一步之前，我建议你对潜在伴侣做一些最后的测试。眯起眼睛，仔细观察，寻找一些迹象，确保你的爱情能够天长地久。同时，也向你的潜在伴侣证明你拥有美好且持久的品质。

当杏仁核和前额皮质间的信息传递受到多巴胺干扰时，我们很难真正看清对方。并不是前额皮质没有试图警告你，当它觉得一个人不适合时，它会一直疯狂地向大脑其他区域发送信息，当对方的光环褪去后你可能会遇到麻烦。但是，大自然母亲用更多的多巴胺让他闭嘴，让你更加疯狂地爱着对方。整个过程很刺激，就像恐怖电影那样，但你可能误以为这是真爱。你可以辨别这到底是不是真爱：向你的潜在伴侣展示，你拥有适合成为他 / 她"未来伴侣"的性格和品质。你可以让自己看上去符合四个要点。每个要点都是基于对男女双方寻求永久伴侣的需求而提出的最新研究。

我可以和这个人长期交往下去吗？

集中精力清理大脑中情感和理性之间的通道。我不仅仅是在打比方。现在，你明白了"爱情瘾君子"是如何拦截信息的，所以你会疯狂地坠入爱河。如果一年半后你仍然爱他、尊重他，而且他带给你的感觉很好，就不要让这个人溜走。你找到了一个长久的伴侣！只有当你感觉自己"理智"地爱着她，而不是"疯狂"地爱着她，你才能掌控爱情之舟的主动权。

为什么他害怕做出承诺？

女人们，这个问题你听别人问过多少次了？一百次？两百次？但你可能没听过这个答案。

下面这些话可能会冒犯到你，因为当一个聪明的男人认真起来，他会变得更聪明——几乎和你一样聪明！

有一点我觉得很有趣，男人比女人更容易坠入爱河。[1]接下来他们更倾向于退缩。为什么呢？因为如果一段亲密关系开始认真起来，男性会有意识或无意识地对潜在伴侣的真实品质敏感起来，他们需要更长时间来接受它。

在令人兴奋的最初阶段，他不会进行深入的分析。男性的大脑不会有意识地推测"她和她母亲的关系如何，这意味着什么？"他不会拿着一瓶啤酒坐下来，问一个朋友"嘿，伙计，你觉得她能帮我实现多少愿望"或者"你觉得一年以后她还会享受和我一起去洞穴探险吗"。然而，当男性开始考虑长期的亲密关系时，他发现自己对这些事情的感知是模糊的。这就是为什么有时你们的关系发展良好，你们似乎在全速奔向完美的终点，然后在你们到达之前，他突然踩了刹车。

许多女人会说"他临阵退缩了"或"他有承诺恐惧症"。更有可能的是，之前他的大脑里充满了多巴胺和睾酮，现在他终于明白，他和这位女友在生活中一些更重要的方面并不合适。为了证明你是适合他的，你必须用一种微妙的方式向他暗示你符合以下四个要点。

（1）你和你的潜在伴侣在生活中有相似的深层次信念和价值观吗？

（2）你们对"在一起"的定义相似吗？

（3）如果遭遇不幸，你可以依靠你的潜在伴侣吗？

（4）你们会鼓励对方的个人和职业发展吗？

当你在展示（而不是伪装）某些品质时，也关注潜在伴侣展现出来的品质。如果你们之间没有相似的部分，那么产生持

久的爱情几乎是不可能的。你们之间的差异会逐渐侵蚀你们的
爱情，等你们之间的爱消失殆尽，你们会渴望得到另一个人
的爱。

　　让我们来谈谈这四个要点。

我也是这样看待生活的

　　哪句话表达了你对生活伴侣的期待？

（1）我想要和与我不同的人在一起。我希望这个人令人兴
　　　奋，有迷人的生活方式，给我带来新的想法、新的见
　　　解，分享冒险的经历，并帮助我用不同的眼光看待这
　　　个世界。

（2）我想要和一个与我相似的人在一起。我希望这个人的
　　　信念和原则与我一致，令我感到安全，喜欢的活动和
　　　我类似，喜欢我的生活方式，并且理解我是如何看待
　　　生活的。

　　当然，你的答案是"两者都想要"。每个人都希望自己的伴
侣在生活中的重要方面与自己相似，而在有趣的方面与自己不
同。[2]我们渴望兴奋、狂喜、刺激和战栗，我们也渴望平静、承
诺、满足和舒适。

　　回想一下上学时的日子，还记得当时有各种各样的小团体

吗？预科生、硬汉帮、智囊团、运动员团体、那些自认为很酷的孩子。当时可能没有太多的跨界友谊，因为人们和自己相似的人在一起才会感觉舒服。

在一项研究中，研究人员在大学生住进宿舍时，询问了他们的信仰、价值观、伦理、风俗习惯和道德观念。研究人员猜测，随着学生们相互了解，那些对生活有相同看法的人会彼此吸引。[3] 果不其然，相似的孩子形成一个个小团体。

你的前额皮质知道，如果感情要维持下去，你的伴侣看待生活的方式需要和你相同。让我们面对现实吧——生活是混乱和可怕的。电视、杂志、报纸、数以百万计的博客和社交媒体，都会让你晕头转向。当你发现另一个人对生活的看法与自己的相同时，你会感觉自己受到了保护，远离了伤害。你的观点、道德观、信仰和价值观都受到了爱人的维护。这让你的大脑充满催产素，产生一种依恋感。

当然，你们不需要在所有事情上都保持一致，甚至有些事情不同。因为过于相似就太无聊了。

重要的不是你们在多少件小事上是一致的，而是在生活中一些更重要的，与"结合"相关的事情上能保持和谐。[4]

对女性而言，在生活中的某些细微之处达成一致往往更重要。男人们，如果你假装自己与她一样投身于动物权益、照顾老人和保护环境领域，那么当你踢她的猫、无视你的祖母或拒绝废品回收时，你认为她会作何感想？

男人需要的不是一致，而是尊重，他们希望伴侣认为自己的选择是正确的。[5] 我永远不会忘记曾经很火的电视节目《豪斯医生》（House）中的一集。主角们在思考他们有多么珍惜父母的爱。格雷戈·豪斯医生（Dr. Gregory House）抱怨道："我只想听到我父亲说我是对的。"当时我很困惑，当我理解男性大脑的神经心理学结构后，我发现这很合理。

女人们，如果他是素食主义者或长寿主义者，你不需要每天晚上和他一起喝海藻汤，只要对他的喜好表示支持就行了。告诉他，他很聪明，做出了这样自律和明智的选择。

再次强调下，你们之间要真的相似，否则你就会把爱情之舟驶向一个致命的方向，你们的关系也会搁浅。如果你们想要在疯狂、如痴如醉的早期阶段之后，依然顺利地进行下去，就必须拥有相似的原则和信念。

但这并不是全部，要成功完成爱情拼图还必须拥有另外三个重要部分。

Chemistry Sparker　爱情助燃剂 60

表现出你认同或尊重男性的价值观

为了给你们的关系再添一把火，你可以尽可能地强调你们之间的相似之处，强调你对潜在伴侣信仰的钦佩之情。

男人们，当你对她深切关心的事情也表现出在意时，催产素会充斥她的大脑。女人们，肯定他的行为，支持他坚守的原则，也会对他产生同样的效果。

你如何定义"在一起"？

你想和你的伴侣有多亲近？日日夜夜都在一起，一刻也分不开？还是和他有相同的朋友和兴趣？和她参加相同的活动？"在一起"是同居，互相陪伴？住在同一个屋檐下，睡在同一张床上，但可以自由来去？是你和你的朋友聚，他和他的朋友聚？还是你想去哪儿就去哪儿，追求你的激情，但她也属于你？简而言之，你如何定义"在一起"？

"在一起"可以是上面的某一种或其他。你们两人的定义必须是相同的，否则会破坏你们之间的关系。[6]尤其是对女性来说，找出你潜在伴侣的观点可能是一项棘手的任务。直截了当地询问会让他有受水刑的感觉，所以要学会听懂他的言外之意。他对父母的关系是什么看法？他的朋友呢？他会不会开玩笑说一个朋友"被套牢了""完蛋了""戴上了锁链"？还是他会说类似"听到了婚礼的钟声""决定安定下来"，或者"找到了对的人"这样的话？

伙计们，她呢？她有没有说过她以前的男朋友"让她窒息""占有欲太强"，或者"永远不让她离开自己的视线"？也许她会抱怨前男友"陪她的时间太少"，或者他"总是和他的朋友们在一起鬼混"。她是否因为父亲从不在家而感到悲伤？

那对家人的感觉呢？他多久和妈妈交谈一次？爸爸呢？他们亲近吗？假期她会和家人一起度过吗？他会和他的兄弟姐妹、阿姨、叔叔、堂兄弟姐妹及其他亲戚说话吗？如果他之前不是一个重感情的人，你认为他现在会做额叶切断手术，开始热爱家庭生活吗？好好想一想，比较一下你们的亲密指数（togetherness quotient）。

研究人员会把你们的"得分"称为你们的"比较水平"，它在保持你们之间持久的爱情方面起着重要作用。[7]"我以为他会改变的"是我听过最愚蠢的话之一。

在堂兄罗里结婚前我就认识他的妻子卡米拉，后来他们生了两个漂亮的女儿，但今年他们的关系有点紧张。罗里一直兴趣广泛，还在不断培养新的爱好。他喜欢冥想、赏鸟和保龄球，现在他迷上了书法，还参加了漫画大会。

几个月前，卡米拉和我蜷缩在沙发上，喝着咖啡，聊了聊心事。她抱怨罗里总是和他的朋友出去。我紧紧握着她的手，提醒她说："罗里的兴趣爱好一直很广泛。在你们结婚之前，我记得你说你觉得他这个特质特别吸引你。"

"我知道，莉尔，但我以为女儿们出生后，他就会安定下来。"

"卡米拉，你最喜欢做什么？"我问她。

"和我的女儿们待在一起，这是我最喜欢做的事情。只是……我觉得罗里应该多陪陪我们，一家人应该常常在一起做些什么。"

这是一场悲剧。就在这个周末，罗里和卡米拉打算告诉女儿们他们分开了。写到这里，我的眼睛湿润了，要是罗里和卡米拉在结婚前发现他们对"在一起"有着完全不同的定义就好了。

对卡米拉来说，"在一起"意味着持续的亲密。对罗里来说，"在一起"意味着有爱的同居。由于他们没有意识到这一点，谁会遭受最大的痛苦？当然是他们的两个女儿。

对于这个问题，合理的建议是："坐下来，谈谈你们是如何定义'在一起'的。"听起来不错，但并不总是能实现。大多数男人很讨厌这种对虚幻的关系的讨论。

这就像让美人鱼劈叉一样。女人的水晶球在早期热恋阶段被浓浓的物质所包围，使她无法理性地思考。

解决方案是什么？与前额皮质和情绪化的杏仁核进行一次预约，做一些不被多巴胺主导的神经传递，思考亲密关系对你意味着什么。

Chemistry Sparker **爱情助燃剂 61**

强调你们对"在一起"的理解是相似的

明确有意识地定义"在一起"对你而言意味着什么。然后，尽你所能确定对你的潜在伴侣而言，"在一起"意味着什么。如果你发现你和潜在伴侣的观点是一致的（希望如此），那就想办法在日常交谈中强调这一点。

记住（尤其是女人们），如果你想"我可以改变他"，那么请放弃吧。如果你成功了，记得要申报吉尼斯世界纪录。

无论疾病还是健康

对我来说，这是婚礼上最动人的一句话，因为我见过疾病和逆境会给夫妻带来多大的影响。在深深的爱扎根后，不幸会让夫妻更亲密。

不管他们实际上结婚与否，照顾一个长期交往的爱人可以增强爱情，使爱情更持久。[8]

疾病和逆境会掩盖其他最初导致夫妻情感破裂的问题。在很多情况下，当出现灾难性的挑战时，争论就会消失，金钱问题也会变得微不足道。"你没有拧上牙膏盖子"和"把垃圾拿出去"不再会引发战争了。事实上，爱人会像蜜月后刚发现这些小缺点一样开始微笑。

我有两个朋友有过这样的经历，一个朋友的家庭经历了小型飞机失事造成的严重伤害，另一个家庭遭遇了帕金森病。当时，这两个朋友的婚姻都岌岌可危，但当悲剧发生时，对方立刻从一个爱吵架的人变成了一个充满爱心的照顾者。生活越来越艰难，但他们的爱却越来越强烈。

在开始写这本书后的几个月里，我亲身体会到疾病对感情的积极影响。我从早到晚都坐在键盘前，把很多"应该做的"事情都推迟了，比如乳房 X 光检查。乔治不停地提醒我这件事。所以尽管我在抱怨，他还是坚持带我去了医院。

一周后，医院请我再去一次。几天后，当我听到妇科医生在电话里充满同情地说"你好"时，我意识到接下来几个月的日程安排可能会发生一些变化。

乳腺癌的化疗令人感觉很糟糕，但我和乔治之间出现了一种从未有过的亲密。他推迟了原定在意大利担任船长的工作，成了我往返医院的专职司机，在我每次接受令人沮丧的化疗时都陪在我身边。

在几个月里，乔治一直在拍松我的枕头，抚摸我那感到恶心的胃，亲吻我难看的红脸，抚摸我光秃秃的脑袋，还骗我说我看起来很漂亮。

现在我完全康复了。不，我的状态甚至比之前更好，因为这件事让我知道了"在一起"有多么重要。无论双方是否正式交换过誓言，未说出口的誓言同样具有强大的力量。经过这件事后，我对"恋爱"和"爱"之间的区别有了更深的理解。我相信有过类似经历的夫妻都明白这点。

所以，在考虑交换"在一起"的承诺时，你应该问自己一个问题："如果发生悲剧，我的潜在伴侣能担起照顾者的角色吗？"当你躺在病床上时，如果你是一个人，那一点也不好玩。同样重要的是，"我也能做到吗？"

我希望你永远不需要去做这件事，但现在想一想这个问题吧，因为无论你们的境遇如何，这个人是你想要共度余生的人。想办法让你的伴侣知道，不论遇到顺境还是逆境，你都会陪在他的身边。你可以这样做。

当然，你也要观察他是否有照顾他人的能力。生病已经够糟糕的了，如果你生病的时候没有人牵着你的手，那真的感觉很糟糕。

Chemistry Sparker 爱情助燃剂 62

让对方知道你是一个照料者

　　当对方感觉不舒服时，要格外关心和关爱他/她。在她生病时送花和在她生日送礼物一样有意义，也许更有意义。在他卧床时给他送去鸡汤能让他产生与性无关的"护士幻想"，而且这种幻想持续的时间更长。

21 世纪的伟大技能——个人成长

　　众所周知，21 世纪的世界是一个完全不同的世界。我们被不同的思想激励着，通过各种媒体联系在一起，赞赏着不同的成就，渴望拥有独特的品质。我们生活在鼓励自由表达和多样性的土地上，这是多么令人高兴的一件事啊，贫穷和瘟疫不会像过去那样抹杀个人成长。在世界上的许多地方，个人成长被认为是只有富人才能拥有的奢侈品。而对幸运的我们来说，它无处不在，让我们的生活更令人兴奋。

　　婚姻不再是过去的经济和社会制度。我们对伴侣的期望和心理需求与一百年前几乎完全不同。如果 19 世纪晚期易卜生的戏剧《玩偶之家》（*A Doll's House*）中的娜拉得知，在不到 50 年的时间里，一群自称女权主义者的妇女会为个人成长的殿堂奠定基石，并且如今的男人和女人都会为个人成长努力，她一定会欣喜若狂。社会学家把自我成长称为"自我扩张"。[9]伴侣越是鼓励你实现自己的目标，你们就会越快乐，越忠于对方。[10]

在过去的日子里，主要是女人被期望为她的伴侣服务。

过去的快乐生活是：一个"尽职的妻子"为丈夫送来拖鞋，如果他工作到很晚也不会抱怨，并且在有需要的时候随时请他的同事吃饭。如今，这是相互的，与男性同样努力工作的女性也期望且应该得到同样的尊重。

男人们和女人们都在寻找能在个人生活和工作方面陪伴他们的爱人。

然而，在做出重大决定前，确保对方也会帮助你成长。如果你自己的创造力和成长被压制了，你们之间的好感就会迅速消失。

Chemistry Sparker 爱情助燃剂 63

表现出你可以帮助对方成长

如今，你有机会在你的愿望清单上加上个人成长这一项，并期待它会发生。男人们，每当她谈到自己的个人职业目标时，告诉她你多么支持她。女人们，当他谈到他的愿望时，与他一样充满热情，增强他实现愿望的信心。

"诊断" 你的伴侣

我的忠实读者都知道，我在纽约有一间巨大的阁楼，如果没有租金管制和室友，我永远负担不起。当我第一次发现它时，我还习惯在城市里找短期室友，与学生或专业人士同住，为此我在周报上登了一条广告。

其中一条广告是在周四登出来的。周五，波士顿交响乐团的 36 岁大提琴演奏家基思（Keith）给我打来电话，咨询合租的事情，他最近刚刚与妻子分居。

他星期六过来看了看，星期天就搬了进来。

基思是一个很棒的室友，不像我之前的室友，会把马桶盖掀起来报复我。唯一的烦恼是他的手机铃声很可怕。一天晚上，他手机铃声战神乐队（Manowar）的《黑暗复仇者》（*Dark Avenger*）响起了好几次。他带着痛苦的表情接了电话，然后躲进自己的房间。

有一次，我拿他的手机铃声开玩笑，他摇了摇头，说："我也讨厌它。"

"嗯，基思，那你为什么把它设为手机铃声？"

"我的妻子（很快就要成为前妻）坚持要这么做。"

"哦，她喜欢重金属？"我问道。

"不！"他脱口而出，"她一直喜欢古典音乐。然后有一天，她突然开始听杀手乐队（Slayer）和摇滚万岁乐队（Spinal Tap）的歌，而且把音量开到最大。"

"你是说这一切是突然发生的？"我问道。

"嗯，也不是，奇怪的事情是从去年开始发生的。"

"基思，如果我侵犯了你的隐私，就不要回答，但我可以问去年发生了什么吗？"

他看着我沉默了一会儿，然后深吸了一口气，说："好吧，事情是这样的。我注意到的第一件事是她开始讲话时，我跟不上她的思路。一开始我以为只有我一个人有这种感觉，直到有一次在晚宴上，她突然说起了《星球大战》（*Star Wars*）里的欧比旺·克诺比（Obi-Wan Kenobi）。主人公是欧比旺·克诺比。我的妻子歇斯底里地大笑起来，而且停不下来。大家面面相觑，不知道到底发生了什么事。"

"在那之后，又发生了各种各样奇怪的事情。"

"比如呢？"

他把胳膊肘支在桌子上，双手托着头，说道："老天，莉尔，一开始她会说些新世纪之类的胡话。如果我不相信《圣经》里的奇迹，她就会喋喋不休地说些致命的事故。我是说，她真的相信那些。"当他抬起头时，我看到他两眼含泪。他尴尬地站了起来，一边说道："我不知道。也许这是她的家族遗传。她妈妈也是个怪人。"就在这时，战神乐队的《黑暗复仇者》的手机铃声又响了起来。他猛地按下静音键，躲进了自己的房间。

基思的故事让我想起一些事情。过去有几个朋友告诉我，他们认识的一个人突然有点不正常了。他们通常会接着说，"听说这个人的父母也非常古怪"。有时候我听到的是"她小时候被虐待过"或者"他是被酗酒的父亲养大的"。

情侣们很少意识到，他们潜在伴侣的童年会对他们未来的关系以及对长期关系的渴望产生直接影响。[11] 和你的潜在伴侣闲聊时，试着把话题转到他的童年时代。他的父母爱他吗？他的家里存在暴力行为吗？他的母亲在怀孕时承受过严重的压力吗？这也会对他的心理发展产生不利的影响。[12] 是的，童年的记忆带来了这些影响。在充满爱的环境中成长会增加体内的催产素，这意味着他会成为一个更好的伴侣。

男人们，她呢？她的成长环境稳定吗？她的近亲中有谁患有精神疾病吗？她是个问题小孩吗？

虽然听起来有点冷酷无情，但如果你打算和这位女士一起组建家庭，有必要确认一下她是否有遗传精神疾病的可能性，或童年时期遇到过什么挑战，这些疾病的倾向可能会在成年后显现出来。这虽然不太可能发生，但当你开始考虑和对方共度余生时，绝对要睁大眼睛看清楚。

正如我们讨论过的，痛苦往往能使相爱的两个人更加亲密。不幸的是，有些由于童年或遗传基因异常而导致的行为问题并非如此。这个问题可能永远不会发生，所以不要为此惊慌失措。但是，当你在考虑和谁共度余生时，警惕一些是有好处的。不要像基思那样忽略一些蛛丝马迹。

这听起来很令人沮丧，对吗？所以我接下来要介绍这个爱情助燃剂之前，请你们在网上找一份文件并阅读它。在说"我愿意"或放弃你的租金管制公寓之前，搜索一下《卫生署署长关于特定精神状况风险因素的报告》（*Surgeon General's Report on the Risk Factors of Certain Mental Conditions*）第三章的第二部

Chemistry Sparker 爱情助燃剂 64

了解潜在伴侣的童年和基因！

约会就是在做这件事——思考你们的未来是幸福的还是可怕的。在一起享受乐趣的同时，别忘了爬到潜在伴侣的家族树上，寻找一下有没有精神疾病患者。

大致了解对方的童年，试想未来可能需要面临的挑战。同时，你自己也要避免做出任何不理性的事情，以免你的潜在伴侣误以为有更深层的原因。

分，别跳过"家庭和遗传因素"这部分。遗传和成长环境导致的疾病比例非常惊人。

这样想，如果没有看过体检报告并确信它未患有遗传疾病，你是不会购买一只昂贵的纯种狗的。你和爱人相处的时间要比和你的狗相处的时间长得多！

给年轻情侣的忠告

"没有他，生活就没有意义。"

"如果她离开我，我会死的。"

"我再也不会爱上别人了。"

"我们注定要永远在一起。"

年轻时，你有过这种想法吗？我们都曾有一两次这样想过。十七岁时，我以为自己找到了一生的至爱，认为那个我刚认识的男孩就是我的真命天子。他的年龄比我大一些，有点像别人眼中的硬汉，但是他可以……那么温柔！当他开始和我谈论未来时，我欣喜若狂。他说："我们将永远在一起。"

布奇和我约会三个月了，但我妈妈还没见过他。他不会上门来接我，而是把车停在我家门前按喇叭。他会按出"刮胡子和理发，两角五分"的曲调，当时我觉得这是世界上最甜美的声音。

一听到喇叭声响起，我就会冲出家门，奔向他的车，与他幸福地共度几个小时，讨论"我们永远在一起的时光"。

有一天，妈妈问我："莉尔，今晚你要和布奇约会吗？"

"是的。"我低声说道。

"亲爱的，听你的描述，他是个很不错的男孩。你为什么不邀请他进来坐几分钟呢？我很想见见他。"

"可是妈妈……"

"亲爱的，就几分钟。我保证。"

我焦急地等待着，直到喇叭声响起，然后我跑出去求他进屋跟我妈妈打个招呼。

在他们进行了一段简短、令人不舒服的对话后，母亲对我说："莉尔，你能到我房间里来一下吗？"她关上了门，在门口躺了下来。她愤怒地用手指着我，警告我："如果你还想和那个男孩出去，除非跨过我的尸体。"她怒气冲冲地回到客厅，随手锁上房门，把我关在里面。后来，我再也没见过布奇。

几个月前，我收到一封信，上面的字体很难看懂。不骗你，它来自马里兰州惩教署。布奇的哥哥帮他在网上找到了我。回想起来，如果我们"永远在一起了"，我的生活将会是一场多么可怕的噩梦，一想到这里，我就不寒而栗。

所以，亲爱的读者，如果你们还没有满足之前的两点，那么不用考虑接下来要"永远在一起"！

你在这个年纪几乎不可能做出正确的选择。不是因为你不聪明，而是你大脑的生理构造还没有准备好为自己做出生命中最重要的决定。你不一定要相信父母的判断——让我们来看看神经科学的解释吧。

在你的髓鞘发育完全前不要结婚
（父母们，不要忽略这一点！）

直到什么？不，我没有打错字。正如现在你知道的，大脑中的神经细胞不断地通过电脉冲进行交流。管状绝缘膜叫作髓鞘，它会保护神经细胞免受偶然性思考的影响。这种鞘是一种围绕在神经细胞轴突周围的一根油脂管，它是逐渐发育形成的。当你出生时，你体内几乎检测不到髓磷脂的存在。[13] 这就是为什么一个尚未形成髓磷脂的婴儿需要睡在婴儿床上。当他／她从床上掉下来会很痛，但是他／她小小的前额皮质发送信息的速度太慢了。他／她的前额皮质来不及把信息传递到中枢神经系统，阻止他／她滚向"悬崖"。在你二十岁出头时，你神经细胞的髓鞘已经发育得更加完善，那些脂质管道会更快、更清晰地将信息传递到大脑的其他部分。[14]（抱歉，年轻的朋友们，要到 25 岁左右髓鞘才会发育完全。）

你的世界围绕着爱情转动，我知道这种感觉很强烈。

如果这么做能帮助哪怕一个人免于毁掉自己的生活，我都会违背自己的承诺，引用一段枯燥乏味的研究摘录。这段话来自一个名为《定义欲望、浪漫的吸引和依恋的大脑系统》（*Defining the Brain Systems of Lust, Romantic Attraction, and Attachment*）的研究，发表于《性行为档案》（*Archives of Sexual Behavior*），作者是该领域的五位顶尖研究者之一。[15]

> 我们能够证明，处于非常浪漫的早期爱情阶段的青少年与处于轻度躁狂阶段的患者没有什么不同……青少年陷入强烈的浪漫之爱是一个"精神病理的显著阶段"。

病理的意思是"证明是一种精神失常的状况"。好吧，你可以把这本书扔出窗外或者删掉它的电子版本。但我说的是事实。

Chapter 10

爱情保鲜的秘诀

爱是最美的美梦，最噩的噩梦。

——威廉·莎士比亚

这位剧作家在 18 岁时娶了一位 26 岁的女士，6 个月后生了一个孩子。后来，他沉迷于非婚性行为，3 年后离开妻子，与多名年轻女性有过风流韵事，还给一位名叫"小少爷"或"美少年"的男性写了 126 首情诗。[1] 显然，这位诗人对婚姻噩梦的一面略知一二！

我更喜欢一个曾经当过摩托车信使和机械师的人写的一句话。富有洞察力的作家路易斯·德·伯尼埃（Louis de Bernières）知道浪漫的疯狂，但他也明白，只有那些等到疯狂消退的人，才能发现真爱的魔力。

爱情是一种短暂的疯狂。它像火山一样喷发，然后又消退。当它平息时，你必须做出决定。你需要弄清楚你们是否已经盘根错节地连为一体，无法分开。因为这就是爱。

爱不是屏息，不是激动，也不是永恒激情的承诺……那只是"恋爱"，任何一个傻瓜都能做这件事。爱情是"恋爱"燃烧殆尽后留下的东西，这既是一门艺术，也是一种幸运的意外。你的母亲和我之间有爱，我们的根在地下互相缠绕着生长，当树枝上所有美丽的花朵掉落下来时，我们才发现我们之间的爱已经长成一棵树。[2]

在你们亲密关系刚开始时，探索的狂热和对未来的幻想使你大脑中的化学物质像新油井一样喷涌而出。你仿佛在雨中歌唱，在星河中跳舞，在天堂里嬉戏。这种疯狂的感觉如此不可思议，以至于现实状况没能进入你大脑中的前额区域。你和你的爱人被蒙上了双眼，忽略了所有"警告"的迹象。

"前方危险！""小心行事！"恋爱早期绝对是一个令人沉迷的阶段。

让美好的开头延续

女人们，在你订婚后，你的女性朋友们簇拥在你周围，对你的戒指发出惊叹声。婚宴承办商打电话给你，用宾客喜欢的美味点心诱惑你。面包师们用多层白色城堡蛋糕的照片（城堡顶上有两个小人，你和那个幸运的他）吸引你。在这个重要的日子里，你穿上人生中最精致的礼服，穿着晚礼服的他看起来英俊潇洒。

男人们，你们可能没怎么参与这个特殊日子的准备工作，但你们同样兴奋。你的朋友们取笑你，拍着你的背。虽然他们用玩笑话奚落你，但你知道你已经赢了他们，因为你找到了心仪的伴侣。而且，他们给你办了一个超棒的单身派对。

你的家人和朋友送给你贵得离谱的水晶摆件、厨具和小装饰品。然后你坐上真正的爱之船出发，前往加勒比海，在海滩上啜饮迈泰鸡尾酒，跳舞直到黎明，沉迷于快感。

但婚礼杂志和供应商不会告诉你一个小秘密，当你度完蜜月回来，就没有人再关注你了。没有面包师的乞求，没有酒席承办人的来电，没有朋友的祝贺，你们和普通人没什么不同。此时，你们面面相觑，心想："时间怎么过得这么快？这一切真的结束了吗？当初的兴奋感觉去哪里了？"

你们或许对伴侣感到失望，或者希望自己没有迈出这重要的一步吗？当然不是！你们仍然爱着对方，并且内心知道自己做出了正确的选择。那么发生了什么？为什么不再像之前那样兴奋了？

记者们报道过这种"婚后忧郁"的现象。社会学家称为"婚后抑郁"。[3]认知科学可以准确地告诉你为什么你会有这种感觉。在蜜月游轮返航之前，多巴胺一直像火山爆发一样喷涌而出。你们的身体里充满了血清素，大脑的快乐中心就像照相机的闪光灯那般明亮，你们仿佛看到了美好的未来。

"好吧，没什么大不了的。"你耸了耸肩。生活很美好，伴侣很棒，你们的爱情很牢固。关于爱人的小发现总会让你忍不住微笑，他会把牙膏乱挤一气，也不盖上盖子，但好可爱。

当她温柔地暗示你应该去倒垃圾时，你微笑着站了起来。多巴胺和血清素又开始起舞了。

然而，这一次它更像是华尔兹而不是桑巴。快乐岛又被点燃了，现在它更像是一盏夜灯，而不是聚光灯。你已经习惯了。7 点起床，然后 8 点上班，晚上 6 点回到家，7 点吃晚饭，再玩几个小时手机，11 点上床睡觉。

性爱也不错，但他的前戏从 1 小时缩短到了 10 分钟。她偶尔会头痛。你不再渴望每一分钟都有他的陪伴，也不再为她轻微的触碰而感到激动。你曾经热切期待他的来电，现在变得非常熟悉。面对现实吧，我们会逐渐习惯。即使是最美好的经历，一旦反复发生，也会变得平淡无奇。

两年之痒

随着时间流逝，你们在一起已经 2 年了。你们仍然快乐地生活在一起，并且认为对方很棒。但是，火花去哪里了？情趣为何消失了？

研究表明，在持续 18 个月到 2 年的夫妻关系中，不可避免地会出现这种"激情消退效应"。[4] 他的触摸不再让你动情，她的身体不再令你如动物般饥渴。真正的悲剧是：随着激情消退，许多夫妻感觉两人之间的爱也逐渐冷却了。

去年 7 月 4 日，我和大家一起欢呼着，仰望梅西百货楼顶精彩的烟花表演。

站在我旁边的是一个五口之家，不幸的是，爸爸妈妈只能各举起一个小孩。我把第三个小男孩尽可能举高，对我来说，他欢快的尖叫远比头顶上极具艺术性的烟花更令人兴奋。最后的烟花把天空照得像正午一样明亮，然后我把他放了下来。"不！"他号叫起来，"还没有结束。这不可能。"

当他伸出小胳膊让我再次把他举起来时，我说："这一切恐怕结束了，那些烟花不是很美吗？"

"不，不会结束的，"他又尖叫起来，"还会有更多。肯定有。"我蹲下来摇了摇头，他不相信这是事实，眼里噙满了泪水。

令人感到悲伤的是，当亲密关系的焰火结束后，许多夫妻也是这种感觉。当充斥着第一阶段的美妙而充满激情的爱情减少或消退后，他们就会陷入两难的境地。他们泪眼蒙眬地看着对方，问自己："爱真的过去了吗？"

我想对这些曾经激情相爱的人大喊："不！不！不！"罗伯特·勃朗宁（Robert Browning）道出一个真理，他写道："结局寓于起始……佳期未至。"⁵

神经科学家对此表示赞同。

当你发现牙仙子和圣诞老人都是虚构出来的，你可能震惊不已。但你不必担心"从此过上幸福快乐的生活"也是虚构出来的，请继续读下去。

"在一起"的秘密

如果你曾研究过神经科学，你可能会读草原田鼠的故事。一开始我对这个故事感到厌烦，后来，我爱上了这个小家伙。

除了农民之外，每个人都喜欢它，因为它会嚼食庄稼。当你对这种可爱小动物的生活方式有了更多的了解，你也会爱上它。

许多人把这种生活在草原和草地上的小动物误当成老鼠。草原田鼠的腿更粗，尾巴更短，眼睛更小，耳朵几乎小得看不见。但它非常可爱，非常令人钦佩。

这些小田鼠最可爱的地方是，当它们坠入爱河并交配后，它们会永远在一起。[6] 在遇到它未来的终身伴侣后，雄田鼠会不间断地疯狂交配。这对田鼠夫妻依偎着睡在一起，互相给对方梳毛，并且像慈爱的父母一样一起抚养孩子。

与下流的实验室老鼠不同，这种忠诚的小田鼠甚至看都不看别的雌田鼠一眼。实验证明了这一点，令人们感到非常神奇。研究人员将一只经有"老婆"的草原田鼠关在中间的笼子里，左右各有一个笼子。[7] 其中一个笼子里装着它的"妻子"，另一个笼子里装着"另一个女人"。不论陌生的雌田鼠身材有多火辣（对于田鼠来说），它都不会去嗅"她"。它总是会待在挨着它"老婆"的那一边。

不忠在它的种族里几乎从未出现过。如果它的真爱死了，这只田鼠不会再次"结婚"。[8] 最重要的问题是：为什么这种忠诚的老鼠与我们世界上所有其他雄性哺乳动物、鸟类和鱼类不同？

你可能已经猜到了，当然是因为身体系统中的物质。就像人类恋爱和相爱时会分泌出很多物质一样，他的忠诚来自天然产生的物质。当两个毛茸茸的小家伙第一次交配时，大量的情感化学物质，即催产素和后叶加压素，就会涌入它们的身体系统。这些物质会停留在草原田鼠的体内。这就是令人感到神奇的地方。没有这些物质，它们就会成为滥交的老鼠。[9]事实上，当实验室的科学家把这只忠诚的雄田鼠体内的催产素和后叶加压素抽离后，它就会像其他物种一样对其他雌性感兴趣。而且，当研究者把母田鼠体内的情感物质抽离后，它的母性本能也立刻消失了。

还有一种基因99%与草原田鼠相同的动物叫作"山地田鼠"。谈到家庭观念，它真是个浑蛋。交配完后，它会立刻跑去找更性感的新老鼠。不只是爸爸会抛弃这个家庭，妈妈也会在孩子出生后不久遗弃它们。[10]至少孩子们没有任何深层次的心理问题。它们只是耸耸肩，长大，然后重复这个不正常的过程。想想看，可爱的老鼠和讨厌的老鼠之间，唯一的区别就是几滴催产素和后叶加压素！

"哦，不，"你可能会想，"你是想告诉我，所有那些美丽、发自内心、长久的情感联系都是因为身体系统中的物质的存在吗？"

我们可以这样看待这件事，神经科学就是这样解释爱情的，但这里有另一种解释。像所有的情感一样，爱、忠诚和承诺的情感都来自你的大脑。当你的大脑感受到这些情感时，它就会制造神秘的物质，这些物质创造并影响你的感觉。所以，这就是"先有鸡还是先有蛋"的故事了。在这种情况下，是物质先出现，还是情感先出现的？

这真的重要吗？

好消息是，你可以运用一些方法，在伴侣的大脑中创造爱的物质。你不需要给她吃药丸，让她吸入某些气体或喝药水。你不需要往他的啤酒里放一些神秘的物质。爱情助燃剂是一些实实在在的技巧，可以让你爱人的大脑和身体自然地产生这些精妙的物质。

我听起来像是一个兜售生发魔法药水的小贩吗？

如果你的回答是"是的"，我也能理解。是的，这听起来很荒谬，但大脑成像不会说谎。

触摸的力量

刺激催产素生成最简单的方法之一是运用最原始的语言——触摸。人类在母亲子宫里的时候就形成了触摸的需求。胎儿的皮肤拥有超过 500 万个感觉细胞，触摸能令他茁壮成长，为自己即将生活在这个世界做好准备。

出生后，人类对触摸的需求并没有消失。当你哭着来到这个世界的那一刻，你就需要他人持续的触摸，才能健康地成长。对于孤儿院的孩子们来说，获得爱的触摸，生命仿佛就鲜活起来，这种力量会伴随他们一生，直到生命的尽头。[11] 养老院的报告中陈述了触摸对居民的健康、幸福和长寿有着显著的影响。现在我们知道，爱的抚摸对夫妻的健康、幸福和长寿都会带来影响。

各种各样的触摸会刺激催产素的产生——亲吻、拥抱、牵手、深情的爱抚，甚至在睡觉时偶然用脚趾碰触对方的身体。

不管是偶然的还是有意而为，是短暂的还是持久的，每次触摸都会令双方的大脑产生信任的物质，让他们的记忆变得更美好。如果医生在随意交谈中触碰了病人，病人会认为这位医生和他们一起相处了更长的时间。与客人主动握手的女服务员会得到更多小费。触碰过病人的牙医会获得更多转诊。[12] 在一项研究中，进入脑部扫描仪的女性被告知她们将受到电击。但是当她们的伴侣触摸她们时，她们的恐惧回路就关闭了。[13]

我也有过类似的经历。去年，当我走进可怕的检查室里做核磁共振成像时，我莫名感到害怕。医生允许我的伴侣乔治留在检查室里，他温柔地抚摸着我伸出机器外的一只脚，我立刻放松了下来，感觉就像是在睡午觉一样。

触摸能增进感情

如果你们觉得我对触摸的描述过于感性，你们会喜欢下面这个例子。队员间触碰次数越多的球队，得分越多！加州大学伯克利分校的教授们拍摄了 90 场 NBA 比赛。[14] 队员互相触碰次数最多的篮球队赢的次数最多。波士顿凯尔特人队（Boston Celtics）和洛杉矶湖人队（Los Angeles Lakers）是互相触碰最多的，而那些队员互相触碰次数最少的球队输的次数最多。即使像击掌、碰拳和拍拍后背这样随意的触碰也能增进友谊。

先生们，你们可能会认为除性爱以外的触摸都只是为了她。是这样的，如果你在白天深情地抚摸她，那么当天晚上你与她亲密的机会更大。别忘了，她的前戏在几小时、几天，甚至几周之前就开始了。现在轻柔地触摸可能意味着之后激烈的性爱。

相反，女人们，你们应该对男性进行更多性感的抚摸。坐在沙发上，开始拥抱他，按摩他的膝盖，揉摸他的胸部，亲吻他的脸颊。像你曾经玩小熊软糖时那样，发挥你的想象力。

如果我被激怒了，不想触摸对方怎么办？

还是去触摸他／她吧！即使你的长期伴侣当时脾气暴躁，你也可以运用"认知一致性"（这是一种自然现象，意思是让你的大脑和身体保持一致）的方法来促进这种情感物质的生成。就像当你感觉糟糕的时候，你会抱怨。当你抱怨时，你感觉很糟糕。

当你感受到爱时，你会去触摸。当你触摸的时候，你会感受到爱。想象你的大脑和身体正在进行这样的对话。

大脑：嘿，身体，你在干什么？我注意到你经常摸他。你想告诉我什么？

身体：是的，大脑，我也注意到了。我想我是在告诉你，我爱他。

大脑：嗯，证据当然有很多。我想你是对的。你真的爱他。

男人们，如果在街上，她生气了，就拉住她的手。她可能会把手抽走，但她会更快地消气。女人们，如果他不高兴了，坐得离他近一点。如果他的身体很僵硬，忽略它。你的依偎策略已经奏效了。

你一定听过这样的说法：人们必须努力维系一段亲密关系。

听起来好无聊。我并不认为"努力维系"一段感情有趣。让我们谈谈如何在一起玩。这能创造奇迹，和在约会中做同一项活动能点燃更多的爱意类似。

Chemistry Sparker 爱情助燃剂 65

随时找借口触摸你的伴侣

男人们，每天轻吻她、爱抚她、拥抱她，用你的脸颊蹭她的脸颊。女人们，牵起他的手，把你的头靠在他的肩膀上，做些表达爱的动作。整夜轻柔地触摸是一间名副其实的催产素工厂。把你的脚靠在他的腿上，把你的手放在她的肩上。当然，像抽屉里的小勺子一样靠在一起睡觉。

一起玩的夫妻会更亲密

恋爱之初，你们都玩得很开心。也许会去看电影，去博物馆，去海滩；也许会骑自行车、划船、打保龄球，或者在海滩上玩。你觉得这种充满多巴胺的生活很酷。你想要一直这样生活下去，所以你们决定搬到一起住或者结婚。

你猜接下来会怎么样？你们进入了真实的生活！当你们一

起做有趣的事情时，你不再焦急地等待下一个时刻。他一直都在那里。你不再需要追求她了，所以美好约会的次数减少了。你们不再去野餐或迪斯科舞厅，不再去高档餐厅，也不再租小船。生活没那么精彩了，所以在你眼中爱人身上的光芒也消退了一些。这是由于我们在第6章中谈到的"转移效应"。你不再把"乐趣"和爱人联系在一起。女人们，现在你会下意识地把他和坐在电视机前、电脑前的无聊夜晚，或者最新的科技小发明联系在一起。男人们，也许你觉得自己被忽视了，因为她总是和孩子们在一起。

为什么你们不再一起骑自行车、划船、打保龄球、滑滑板和浮潜了？很多人会说："时间不多，而且费用太高。"好吧，但当初你们也是挤出时间来约会的。而且，夫妻们几乎不知道，

Chemistry Sparker　爱情助燃剂 66

在爱人身上重建有趣的"兴奋转移"

啊，要是所有重大的问题都能用这样简单的办法解决就好了。想想你过去做过的很酷的事情，列一份两人共同的愿望清单。然后马上去做，与你的爱人一起享受这些令人兴奋的活动，提高你们的多巴胺水平。[15] 这样你会下意识地把兴奋与她联系起来。你觉得有他在，你才玩得这么开心。

如果婚后不再做这些活动，他们未来将会付出更多的代价。未来你在离婚或婚姻咨询上的花费比现在在保姆和电影票上的花费更多。

如果性爱已经不能给你带来过山车般的感觉，那么你也不必担心。这是大自然母亲的计划。

共同的愉快经历可以让你们在快乐的旋转木马上待得更久。你们一起做的事情越多，身体分泌的多巴胺就越多，感情越亲密。

大笑是表达"我爱你"的另一种方式

你可能听说过亚洲大笑俱乐部，笑能释放大量内啡肽，对健康有好处，孩子大笑的次数是成年人的 6 倍。我不会再重复这些内容，我也不会引用我读过的最无趣的一本书——弗洛伊德的《诙谐及其与无意识的关系》(The Joke and Its Relation to the Unconscious)，这本书告诉你大笑如何唤起童年的快乐感觉。我只会告诉你一点：大笑确实是非常有益。

很多人（主要是男性）曾问过我："如果我不是个有趣的人，怎么办？"没关系。你可能认为大笑与幽默有着千丝万缕的联系。完全不是！大笑更多是与社会互动，而不是与有趣的事情有关。[16] 严肃的幽默研究人员曾录下了朋友们开心的叫喊声，一起度过快乐时光时发出的声音。

Chemistry Sparker　爱情助燃剂 67

和你的伴侣一起大笑

笑声是会传染的，它是一种社会传播的状态。当你大笑时，你的爱人也会跟着笑。当你的爱人大笑时，你也会笑。是谁先开始的，在笑什么，这些都不重要。听到笑声的人都会受到感染。找各种借口一起大笑、傻笑、狂笑、哈哈大笑。做这些事情就像是向你们两人喷洒了令人精神振奋的多巴胺和催产素。

他们发现大多数笑声与有趣的事情没有任何关系。他们只是因为和大家在一起感到喜悦而发出笑声。[17] 和对方一起大笑（不是笑话对方），表达了你和爱人长期在一起时感受到的喜悦。

让我再一次运用认知一致性和转移效应理论：当你在笑时，你的大脑认为你很快乐，而且你的伴侣认为你是使他感到快乐的原因。

大脑：嘿，身体，你为什么经常大笑？你一定很高兴。

身体：是的，我注意到了那些笑声。我想，这是因为和伴侣在一起时我很开心。

如何长期保持爱的激情

这个问题经常出现。数以百万计的作家喜欢告诉读者他们想听的，而不是揭示真相。他们说，你可以在未来几十年里保持这种热烈的激情。许多书都言之凿凿地保证让你的激情一直保持下去，直到你进入天堂。我已经把这些书放进地下室的小说堆里了。

媒体不知道、不想说，或者常忽略的一个事实是：化学原因的影响。与同一个人相爱几年后，不会获得与最初同样的快感，因为我们已经知道，多巴胺会随着愉悦体验的多次重复而减少。

令人高兴的是，早期的激情性爱总会在婚姻中时不时地再现。假期和庆祝活动是最好的机会，在那些特殊的时刻，由于各种各样的原因，你会感到一股巨大的爱意。但是，有没有办法让这些余烬再次燃烧呢？

答案是：有。但我不认为一些已经被证明"对身体产生巨大影响"的火爆刺激是你想要的答案，比如持续分居或频繁争吵，然后戏剧性地和好。这两种方式都能令多巴胺大量增加，但都很危险。[18] 争吵中一个无意的嘲笑可能是压垮你们关系的最后一根稻草。这会给他带来巨大的打击，给她带来巨大的伤害。情绪化的杏仁核可能会把"有意思地争吵，然后复合"的多巴胺变成互相厌恶的多巴胺。另外在分居的过程中，你的爱人可能会遇到一个吸引他的人。

"所以，如果不分开、不争吵，我们还能找回那种令人兴奋的性爱吗？"

正如我在开头所说，你可以创造一种更美好的激情，这真的令人兴奋，因为只有少数夫妻能做到。记住最重要的一点是：不要认为如果性爱不如最初热烈，爱情就会冷却。事实可能恰好相反！

"这怎么可能？"你会问。生活有时是不公平的。催产素和后叶加压素是大脑在爱情发展过程中产生的依恋物质，但实际上它们会降低男性的睾酮水平。[19]这是大自然母亲的另一个小伎俩：当妻子怀孕时，丈夫的睾酮会进一步降低。[20]"他已经让妻子怀孕了，为什么还要在她身上浪费宝贵的时间呢？"大自然母亲会问。在怀孕期间，妻子经常担心丈夫觉得自己不再有吸引力，她错了。在他眼里，她还是和以前一样漂亮。他不表达爱意和老婆的大肚子没什么关系，很大程度上是因为他的睾酮水平较低。

长期的性生活没那么火热，还有其他原因。你的尾状核或奖励中心，有一个活在未来的坏习惯，它并不期待在同一个伴侣身上发现任何新的东西。[21]男人知道妻子性感时的样子。女人知道丈夫高潮时会发出的声音。性爱中没有什么惊喜了，所以快乐岛上的灯光会暗淡一些。[22]

还有一个原因，那就是我们在衰老。在游戏的后期，大自然母亲并不会鼓励人类的性行为。因为她痴迷于繁殖，对于你们在一起，她最关心的就是生孩子这件事。在她看来，"为什么绝经后还要做爱？"好吧，这是个坏消息。

有个好消息——不,是天大的好消息!

在忠诚、尊重、支持和亲密中,爱人对彼此的另一种欲望会增长。[23] 当然,他不会再像吃了伟哥的兔子那样对她着迷,她也不会每次都尖叫,打扰到邻居。而这时的性爱更令人满足,因为此时我们的欲望来自充满催产素的深爱,而不是睾酮的激增。炽热的性爱可以调动大自然母亲的一些物质(大自然母亲会将同样的物质注入新生儿的父母,让他们与自己的孩子建立情感连接)使其发展成温暖的长期性爱。[24] 通过抚摸、欢笑,还有我们讨论过的共同活动,你创造了一种亲密的物质,鼓励你们进行持续温暖的性爱。你们不仅会在身体上感到满足,也会在情感上感到满足。

纵观历史,世界各地的人们都在寻找催情剂,比如受到大肆吹捧的西班牙苍蝇、牙买加牛肉鳕鱼汤、中国台湾鹿鞭、亚洲蜥蜴干,甚至是抹香鲸呕吐物。[25] 然而,没有一种方法像下面这种有效。这种增进彼此性欲的催情剂是一种不言而喻的贸易协议,基于一项经过时间检验的无可辩驳的事实——"给予就会得到"。

男人们,你们会喜欢接下来的第一点。女人们,第二点是为你们准备的。

为什么"速战速决"很重要?

女人们,甜蜜的性爱对我们来说意味着深深的吻、轻柔的爱抚、充满爱意的话语，如果我们"幸运的话"，甚至可能是足底按摩，然后是火辣的性爱。对于男性来说，即便他很爱你，他主要的兴趣也仍然是最后那一刻。不幸的是，大自然母亲站在他那一边，因为抚摸你的身体对于实现她的繁殖目标没有任何帮助，而他的性高潮可以。

假设你们现在住在一起。这是一个典型的工作日夜晚，你们都精疲力竭，无情的闹钟会在 6 小时后把你从床上轰炸起来。但你那充满睾酮的情人已经准备好了，渴望快速的四肢交融。然而，如果真正享受性爱，你需要一些抚摸和爱语。女性达到高潮平均需要 18 分钟，而他几分钟就能到达那一刻。[26]

体谅一下他吧，女人们。对于一个疲惫的男性来说，要放慢动作，花上一刻钟的时间来帮你热身，对你全身无数的敏感部位给予适当的关注，这是一项艰巨的任务。你也很累，而且"速战速决"并不能令你感到满足，所以也许你会假装头痛。

现在，他感觉不到你的爱了。

女人，好好想想吧。抱怨头痛比让他感到完全满足会花费更多的时间。当然，你现在可能没有心情，但永远不要忘记，他认为"速战速决"体现了你对他的爱。

"速战速决"可以让你们之间的爱情持续下去，因为反复做这件事，他大脑产生的催产素和后叶加压素，让他和你在一起时积累了幸福的感觉。[27]用神经语言的术语说，他会"锚定"和你性爱时的快乐感觉。

另外一个好处是，催产素可以掩盖不愉快的记忆。[28]如果刚才他对你发火，那么催产素会像灭火器一样浇灭他的怒火。

之前，我和一个结婚 8 年的朋友讨论这一章，每当我看到她和她丈夫在一起时，可以明显地看出他仍然深爱着她。在一次交谈时，她说"速战速决"是他们日常爱情生活的一部分。她永远不会把下面这句话告诉丈夫，但她开玩笑地对我说："我认为这是'为了团队牺牲一次'。"事实上，她经常发起"速战速决"。她说，这是让"团队"团结在一起需要做的一件事。

顺便说一句，不要认为你需要和电影《当哈利遇到莎莉》（*When Harry Met Sally*）中梅格·瑞恩那臭名昭著的假高潮一较高下。事实上，不要在"速战速决"时假装高潮，因为他可能会误认为这种快速的性爱方式就是你想要的。

告诉他你也很享受，因为你爱他。但一定要告诉他，你多么喜欢悠长而缓慢的性爱。在"速战速决"时不用喊"哦，哦，

Chemistry Sparker 爱情助燃剂 68

经常和他"速战速决"

女人，这样看待这件事：对男人来说，经常性爱更加重要，你想要证明你对他的爱。长此以往，他大脑中释放的物质会积累起来。你可以这样想："速战速决"不会超过 5 分钟。

所以，你必须想清楚是否要和他"速战速决"。如果你每次都让他慢下来，他可能会觉得不值得。在这方面，你或许可以妥协一下。

是的，是的，是的！"你可以把这些留给真正美妙的性爱，当时间充足的时候，他会给予你这一切。

温柔细腻的爱

男人们，现在是时候轮到你"为了团队牺牲一次"了。只要有时间，就给予她渴望的那种温柔悠闲的性爱，并且经常留出更多的时间。她对这些的渴望不亚于你对"速战速决"的渴望。

先生们，为了增加你和爱人之间的性吸引力，我建议你重读第 7 章的爱情助燃剂：

- 爱情助燃剂 46 ：为性爱做好准备。现在创造她想要的性爱氛围也同样重要。什么样的音乐让她有兴致？她喜欢昏暗的灯光吗？她喜欢在开始前做背部按摩或足底按摩吗？

- 爱情助燃剂 47 ：观察她的反应。当温柔地解开她的衬衫时，表达你有多关心她。轻轻地把她睡衣的领口拉到一边，亲吻她的肩膀。现在不能"速战速决"。这次是按照她想要的进行，想着"慢一点"，缓慢而温柔。

- 爱情助燃剂 48 ：先不要进行肢体接触，先进行语言交流。此时，对她而言，你温柔的话语比以往任何时候都更有意义，你可以诚实地说出"爱"这个词。不仅仅在性爱的时候，你可以经常说这个词。

- 爱情助燃剂 49：请她描述一下她的秘密花园。你不再需要询问她想要什么，因为你已经知道了她喜欢的氛围是什么，在下次见面的时候，把一切都准备好。

女人们，渐渐地，你会发现男性想要的爱情场景。偶尔点一根蜡烛，你会看到漂亮的床上用品，以及男人满脸的倾慕和爱意。

Chemistry Sparker　爱情助燃剂 69

探索她的秘密花园

　　求爱的过程不会终结，诱惑的技巧也不会。既然你已经知道了她的秘密性爱花园中所有隐藏的通道，那么就不慌不忙地逐一探索吧。前戏中产生的物质会对女人产生一种持久且能引发爱意的影响。

每个人都想听到什么？

　　每隔 10 年左右，就会出现一条电视广告，让你心想："哇，我也需要买个那东西。"

　　这本书不是这样的一种产品，我甚至不推荐这类广告产品。

但是我们可以从他们的广告中学到很多东西。

美国广告行业的人每年花数百万美元，为的是发现消费者想听什么，然后再花数百万美元请合适的演员表演出来。这样的广告正中目标，这给我一个启示，要让你的长期爱人听到他渴望听到的话语。

下面有若干个人物形象，每个人物下面有一句台词，说出了他们最想听到的话。我把台词打乱顺序，放在了一起。想一想每个人想要听到什么，然后把人物形象的号码填写在每一句台词旁边。

（1）在郊区的一所房子里，一位疲惫不堪的妇女正试着让她活泼的婴儿乖一点，她的身后放了一堆脏盘子。

（2）一个30来岁的中层管理人员，正在整理领带准备上班。

（3）一位和善的老爷爷独自坐在公园的长凳上。

（4）一个年轻女子对着镜头眉来眼去。

（5）一个由于化疗而掉光头发的女人正在心酸地微笑。

（6）一个男孩在电脑上为他的女朋友制作一段自拍视频。

（7）一个10岁的小孩穿着超人的服装。

下面是他们的台词。看看你能不能把上面的人物形象和他们最想听到的话对应起来。

＿＿ a)"告诉我，无论疾病还是健康，我们会永远在一起。"

＿＿ b)"告诉我，我们会一起变老。"

_____ c)"告诉我，我依然美丽。"

_____ d)"告诉我，你需要我。"

_____ e)"告诉我，你想我。"

_____ f)"告诉我，我是你的超级英雄。"

_____ g)"告诉我，你爱我。"

答案是：a（5）；b（3）；c（1）；d（2）；e（6）；f（7）；g（4）

我不好意思告诉你，这是贺曼贺卡的情人节广告。（是的，有时候粪堆里会长出鲜花，这就是臭气熏天的电视广告中开出的一朵花。）广告的最后一句道出了真相："每个人都需要听到什么。"

Chemistry Sparker 爱情助燃剂 70

说出你的爱人想要听的话

竖起一根额外的天线，精确地捕捉爱人需要你表达的情感。然后用上百种方法一遍又一遍地重复这些内容。她永远也听不厌。每次你这么说，她都会觉得和你更亲近了。

这种情况，你不必犹豫，可以说出带有性别刻板印象的话。男人和女人需要听到不同的内容，才能让爱情持久地在他们的大脑中流动。

人们常说："生活不是一张贺曼贺卡。"这是真的，但在长久的爱情中，让生活听起来像贺卡祝词一般会带给对方美妙的感觉。

男人们，为什么被爱的感觉令她产生持久的爱意？

进化心理学家曾经把人类所有的行为塞进一个贴有"进化"标签的信封里，然后封好封口。他们认为，尽管我们居住在城市和郊区，而不是丛林和森林，但我们的大脑结构仍然和以前类似。后来，神经科学和发展进化学发现，我们大脑的变化比预期的要快。不过，远古的思维方式（尤其是在爱情方面）仍然对我们有着强烈的影响。

女人知道，如果一个男人爱一个女人，他就会和她在一起。如今，身为妈妈的女性需要一个男人让家庭生存下来。所以女性自古以来最感兴趣的，就是她是否被男人爱着。在她看来，获得爱就等于能够生存下去。因此，她需要一个男人的爱。

当然，男人也想被爱。但男性并没有那么需要被爱，因为远古祖先不会对他说，除非有女性保护他，否则他就无法生存下去。

有一次，我受邀担任一个节目的嘉宾，参与者是四对夫妇，他们正在经历两年之痒。主持人问丈夫们："你们上一次告诉妻子你爱她是什么时候？"有一位丈夫回答说："和她结婚的时

Chemistry Sparker　爱情助燃剂 71

每天给她一点她真正需要的

男人们，每天至少对你的爱人说一次你爱她。不管发生什么，在说出任何会被她解读为"我不再爱你了"的话之前，闭紧你的嘴巴。如果你不这样做，她的克鲁马努祖先会告诉她："姑娘，和这个男人在一起非常危险。"

候，我就告诉过她我爱她。如果我的心意改变了，我会告诉她的。"现场的每一位女性观众都想朝他扔西红柿。

女人们，为什么被需要的感觉对他如此重要？

我决定在网上搜索一下这个问题："他为什么不告诉我他爱我？"写这篇文章时，这个问题获得了来自女性 1.1 亿次的点击。然而，我没有看到一个男人抱怨说："她为什么不告诉我她需要我？"事实上，在搜索"她为什么不告诉我她需要我"时，首先出现的是一个女人问她蹒跚学步的孩子，她为什么不告诉我她需要我……带她去上厕所？

一个男人渴望被你需要，就像你渴望得到他的爱一样。在他的大脑深处，那个强壮且毛发浓密，拿着棍棒的英勇祖先依然存在。因为女人的生活取决于他的表现，所以他习惯了勇敢和被依赖。

姐妹们，如果你曾梦想过被英俊的王子救走，为什么他不能梦想成为英勇的王子呢？当你不会修理电灯里的电线时，他会幻想自己骑着白马进入客厅，喊着："亲爱的姑娘，别怕！我会把你从困境中解救出来。"所以，女士们，就让他来帮你吧。除非你几乎把舌头咬出血了，否则请忍住，不要告诉他该怎么做。

Chemistry Sparker 爱情助燃剂 72 *

想办法说"我需要你"

不仅仅是你的男人需要听到这句话，几乎所有的男性都存在一种神经结构上的需求，那就是解决问题，尤其是他的女人遇到问题时。我读过很多书，像《1000 种说我爱你的方式》（*1000 Ways to Say I Love You*），内容很不错，但是没有哪本书会教你 1000 种对男人说"我需要你"的方法。现在，让我们开始想一些方式，经常对他表达"我需要你"。

---

* 本书原著共有 75 个技巧，中文版为适应本土化阅读，略有删减。

你能获得一生至爱，是因为什么？

住在纽约的时候，在冬日里我会望着窗外，希望能看到北极熊在街道上漫步。那时候，我会逃到佛罗里达的萨拉索塔度个小假。比阳光和大海更美丽的是一对对老年夫妇，有些夫妻在一起骑自行车，有些在划皮划艇。还有一些夫妻手牵手在散步，或者帮助使用助行器的伴侣慢慢走过杂货店的过道。我和几对老年夫妇成了朋友，也从他们那里了解到了长期在一起带来的幸福感和满足感。

最近我看了一个电视谈话节目，主持人采访了6对幸福的夫妇，他们作为夫妻已经携手走过50多年。有的人拄着拐杖，有的坐在轮椅上，大多数夫妻手牵着手。他们接吻主要是为了节目效果，但他们露出真挚的微笑是因为他们的终身伴侣。是的，一对夫妻可以永远相爱。[29]

主持人问道："你能拥有一生至爱，是因为什么？"

一位70多岁的老人回答说："因为我不是娶了一个我能忍受的女人。我娶了一个离开了她，我就活不下去的女人。"

演播室的观众发出了"哇"的惊叹声。另一位80多岁的老妇人回答说："因为我丈夫经常给我买两朵玫瑰，说'一朵送给我爱的女人，另一朵送给我最好的朋友'。他会把两朵玫瑰都送给我。"

观众发出的"哇"声越来越长。最后，一位虚弱的老人用颤抖的声音说道："从我18岁见到她的那一刻起，我就知道，没有她的生活是不值得过的。"然后他握住妻子的手吻了一下。

观众们拍手叫好，不由得鼓起掌来。

如果这些 80 多岁的老人中有谁像你这样了解神经科学，那么他的答案就不会那么浪漫，而是更加科学准确，他会用虚弱的声音喃喃自语道："这是因为我们知道有哪些爱情物质会影响大脑，也知道如何创造好的爱情物质。拥有这种智慧，并且创造出这些珍贵的回忆，所以我们一直幸福地在一起。"

听到这些，观众会因震惊而沉默，认为这个可怜的老头疯了。

但是，他们共同创造的爱情回忆确实是他们在一起的原因之一。拥有长期爱人的人比独居的人更长寿。[30] 在长期爱情的滋润下，催产素和后叶加压素在你的大脑中缓慢流淌，让你变得更健康。不像在爱情的早期阶段，多巴胺和血清素的水平忽高忽低，就像煎锅里蚱蜢的脑电图一样。你创造的依恋物质不会出现诸如多动症、食欲减退、强迫行为和精神疾病等可怕的"副作用"。[31] 没有必要"询问医生你是否适合拥有一段长期的爱情关系"。无数事实已经证实，我们需要它。

守护永恒的爱情

在早期疯狂恋爱、激情四射、日日夜夜都想要和他在一起时，爱情的火花声不绝于耳，多巴胺像流星一样穿过你的大脑。当他爱抚你的脸颊时，多巴胺和雌激素举办了派对。当她轻抚你的身体时，多巴胺和睾酮跳起了令人目眩的舞蹈。血清素在神经突触中游走，尾状核像霓虹灯一样闪烁。

在一起生活了几年后，多巴胺的水平会下降，但偶尔会突然大幅上升，特别是当你们一起做了令人兴奋的事情，一起大笑的时候。当你们性爱时，无数令你感到火热和加深感情的物质混合在一起。有时性爱是速战速决的，有时是缠绵和充满爱意的，比如在周末和假期。

当孩子们到来的时候，大量的化学物质会淹没你。睾酮和雌激素水平就像过山车一样起起伏伏。女人们，你们会在催产素的海洋里遨游，同时与宝宝建立感情。男人们，后叶加压素会一波又一波袭来，尤其是当你抱着新生婴儿的时候。当然，也存在一些问题，情绪的疯狂波动会带来疯狂和怀疑。这时应该团结一致，不要因为大自然母亲让你焦躁不安而犯下愚蠢的错误。

当你们对"在一起"有相似的信念和定义，当你们喜欢一起做事情，当你们在逆境中可以依靠对方，帮助对方实现生活中的目标时，催产素和后叶加压素就像一层温柔的薄雾，让你沉浸在满足中。

随着年龄的增长，雌激素和睾酮水平下降，没有了大量的睾酮对抗亲密的爱情，你们之间会更亲近，父子之间也会更亲密。这时，你们就进入了伯尼埃所说的那种状态："你们的根已经如此紧密地缠绕在一起，永远不可能分开。"

我希望你能获得长久的爱。

保持联系！身为作家，我唯一不喜欢的就是无法与读者见面。我很乐意收到你的来信，你可以通过我的网站与我联系。你可以问我一个问题，或者把你的想法告诉我。

　　访问网站时，你可以注册成为免费会员，我会每月向你发送一条小贴士，帮助你在职业生活、社交生活和爱情生活中成为一名更优秀的沟通者。

References

参 考 文 献

Prologue

1. Robert Sapolsky, *Biology and Human Behavior: The Neurological Origins of Individuality,* 2nd ed. (Chantilly, VA: The Teaching Company, 2005).

2. John Money, *Lovemaps: Clinical Concepts of Sexual/Erotic Health and Pathology, Paraphilia, and Gender Transposition of Childhood, Adolescence, and Maturity* (New York: Irvington, 1986).

3. D. J. Siegel, *The Developing Mind: Toward a Neurobiology of Interpersonal Experience* (New York: Guilford, 1999).

4. Money, *Lovemaps.*

5. Tamas Bereczkei, Petra Gyuris, and Glenn E. Weisfeld, "Sexual Imprinting in Human Mate Choice," *Proceedings of the Royal Society of Biological Sciences* 271, no. 1544 (2004): 1129–1134.

6. Sapolsky, *Biology and Human Behavior.*

7. Ingrid R. Olson and Christy Marshuetz, "Facial Attractiveness Is Appraised in a Glance," *Emotion* 5, no. 4 (December 2005): 498–502.

238

8. Steven W. Gangestad, Christine E. Garver-Apgar, Jeffry A. Simpson,and Alita J. Cousins, "Changes in Women's Mate Preferences Across the Ovulatory Cycle," *Journal of Personality and Social Psychology* 92, no. 1 (January 2007): 151–163.

9. Andreas Bartels and Semir Zeki, "The Neural Basis of Romantic Love," *NeuroReport* 2, no. 17 (2000): 12–15.

10. Helen Fisher, *Why We Love: The Nature and Chemistry of Romantic Love* (New York: Henry Holt and Company, 2004).

11. Arthur Aron, Helen Fisher, Debra J. Mashek, Greg Strong, and Haifang Li, and Lucy L.Brown, "Reward, Motivation, and Emotion Systems Associated with Early Stage Romantic Love," *Journal of Neurophysiology* 94, no. 1 (July 2005): 327–337.

12. Paula Tucker and Arthur Aron, "Passionate Love and Marital Satisfaction at Key Transition Points in the Family Life Cycle," *Journal of Social and Clinical Psychology* 12, no. 2 (1993): 135–147.

13. Aldous Huxley, *The Doors of Perception* (London: Chatto and Windus, 1954).

14. Zeenat F. Zaidi, "Gender Differences in Human Brain: A Review,"*The Open Anatomy Journal* 2, no. 1 (2010): 37–55.

15. Pierce J. Howard, *The Owner's Manual for the Brain: Everyday Applications from Mind-Brain Research*, 3rd ed. (Austin, TX: Bard Press, 2006).

16. Douglas T. Kenrick, Edward K. Sadalla, Gary Groth, and Melanie R.Trost, "Evolution, Traits, and the Stages of Human Courtship," *Journal of Personality* 58, no. 1 (March 1990), 97–116.

17. Steven W. Gangestad and Jeffry A. Simpson, "The Evolution of Human Mating: Trade-Offs and Strategic Pluralism," *Behavioral and Brain Sciences* 23, no. 4 (2000) 573–587.

18. Bianca P. Acevedo, Arthur Aron, Helen E. Fisher, and L. L. Brown,"Neural Correlates of Long-Term Intense Romantic Love,"

Social Cognitive and Affective Neuroscience 7, no. 2 (February 2012): 145–159.

19.   Fisher, *Why We Love.*

20.   Sapolsky, *Biology and Human Behavior.*

21.   Jeffry A. Simpson and Steven W. Gangestad, "Individual Differences in Sociosexuality: Evidence for Convergent and Discriminant Validity," *Journal of Personality and Social Psychology* 60, no. 6 (June 1991): 870–883.

22.   William G. Axinn and Arland Thornton, "The Transformation in the Meaning of Marriage," *in The Ties That Bind: Perspectives on Marriage and Cohabitation*, edited by Linda J. Waite, 147–165 (New York: De Gruyter, 2000); Susan Sprecher, Amy Wenzel, and John H. Harvey, eds., *Handbook of Relationship Initiation* (New York: Psychology Press, 2008).

23.   Alan S.Gurman, ed., *Clinical Handbook of Couple Therapy*, 4th ed. (New York: Guilford Press, 2008).

Chapter 1

1.   Pierce J. Howard, *The Owner's Manual for the Brain: Everyday Applications for Mind-Brain Research*, 3rd ed. (Austin, TX: Bard Press, 2006).

2.   Robert J. Sternberg and Susan Grajek, "The Nature of Love," *Journal of Personality and Social Psychology* 47, no.3(1984): 12–29.

3.   Anne Moir and David Jessel, *Brain Sex: The Real Difference Between Men and Women* (New York: Dell, 1991).

4.   Ibid.

5.   Ibid.

6.   Howard, *The Owner's Manual for the Brain.*

7.   Robert Sapolsky, *Biology and Human Behavior: The Neurological Origins of Individuality*, 2nd ed. (Chantilly, VA: The Teaching Company, 2005).

8.   Sandra L. Murray and John G. Holmes, "A Leap of Faith? Positive Illusions in Romantic Relationships," *Personality and Social Psychology Bulletin* 23, no. 6 (1997): 586–604.

9.   Helen Fisher, *Why We Love: The Nature and Chemistry of Romantic Love* (New York: Henry Holt and Company, 2004).

10. Helen Fisher and J. Anderson Thomson Jr., "Lust, Romance, Attraction,Attachment: Do The Side-Effects Of Serotonin-Enhancing Antidepressants Jeopardize Romantic Love, Marriage and Fertility?" in *Evolutionary Cognitive Neuroscience*, edited by Steven M. Platek, Julian Paul Kennan, and Todd K. Shakleford, 245–283 (Cambridge, MA: MIT Press, 2007).

11. Malcolm Caruthers, *The Testosterone Revolution: Rediscover Your Energy and Overcome the Symptoms of Male Menopause* (London: Thorsons, 2001).

12. Thomas R. Insel, "Oxytocin—A Neuropeptide for Affiliation: Evidence from Behavioral, Receptor Autoradiographic, and Comparative Studies," *Psychoneuroendocrinology* 17, no. 1 (1992): 3–35.

13. Ilanit Gordon, Orna Zagoory-Sharon, James F. Leckman, and Ruth Feldman, "Prolactin, Oxytocin, and the Development of Paternal Behavior Across the First Six Months of Fatherhood," *Hormones and Behavior* 58, no. 3 (August 2010): 513–518.

14. Lee T. Gettler, Thomas W. McWade, C. W. Kuzawa, and A.B. Feranil, "Longitudinal Evidence That Fatherhood Decreases Testosterone in Human Males," edited by A. E. Storey, Proceedings of the National Academy of Sciences of the United States of America, 108, no. 39 (September 27, 2011): 16194–16199, http://www.pnas.org/content/early/2011/09/02/1105403108.full.pdf+html.

15. Sandra J. Berg and Katherine E. Wynne-Edwards, "Changes in

Testosterone, Cortisol, and Estradiol Levels in Men Becoming Fathers," *Mayo Clinic Proceedings* 76, no. 6 (2001): 582–592.

Chapter 2

1.　A. H. Veenema, and I. D. Neuman, "Central Vasopressin and Oxytocin Release: Regulation of Complex Social Behaviors," *Progress in Brain Research* 170 (2008): 261–276.

2.　C. L., Clark, P. R. Shaver, and M. F. Abrahams, "Strategic Behaviors in Romantic Relationship Initiation," *Personality and Social Psychology Bulletin* 25, no. 6 (1999): 709–722.

3.　William G. Axinn and Arland Thornton, "The Transformation in the Meaning of Marriage" in *The Ties That Bind: Perspectives on Marriage and Cohabitation*, edited by Linda J. Waite, 147–165 (New York: Aldine de Gruter, 2000).

4.　Susan Sprecher, Amy Wenzel, and John H. Harvey, eds., *Handbook of Relationship Initiation* (New York: Psychology Press, 2008).

5.　Zeenat F. Zaidi, "Gender Differences in Human Brain: A Review," *The Open Anatomy Journal* 2, no. 1 (2010): 37–55.

6.　Louann Brizendine, *The Male Brain* (New York: Broadway Books, 2010).

7.　Samuel Vaknim, *Malignant Self-Love: Narcissism Revisited.* (Prague: Narcissus, 2007).

8.　Russell D. Clark and Elaine Hatfield, "Gender Differences in Receptivity to Sexual Offers," *Journal of Psychology and Human Sexuality* 2 (1989): 39–55.

9.　Russell D. Clark, "The Impact of AIDS on Gender Differences in Willingness to Engage in Casual Sex," *Journal of Applied Social Psychology* 20, no. 9 (May 1990): 771–782.

10. Charles W. Hobart, "The Incidence of Romanticism During Court-ship," *Social Forces* 36, no.4 (1958): 362–367, 364.

11. Louann Brizendine, *The Female Brain* (New York: Broadway Books, 2006).

12. Ibid.

13. David M. Buss and Todd K. Shackelford, "Attractive Women Want It All: Good Genes, Economic Investment, Parenting Proclivities, and Emotional Commitment," *Evolutionary Psychology* 6, no. 1 (2008): 134– 246.

14. B. Pawlowski and L. G. Boothroyd, D. I. Perrett, S. Kluska, "Is Female Attractiveness Related to Final Reproductive Success?" *Collegium Antropologicum* 32, no. 2 (June 2008): 457– 460.

15. Ibid.

16. D. Scutt and J. T., Manning, "Symmetry and Ovulation in Women,"*Human Reproduction* 11, no. 11 (1996): 2477–2480.

17. John Tierney, "The Threatening Scent of Fertile Women," *New York Times*, February 21, 2011, http://www.nytimes.com/2011/02/22/science/22 tier.html.

18. Steven W. Gangestad, Christine E. Garver-Apgar, Jeffry A. Simpson, and Alita J. Cousins, "Changes in Women's Mate Preferences Across the Ovulatory Cycle," *Journal of Personality and Social Psychology* 92, no.1 (January 2007): 151–163.

19. P. Sorokowski, "Do Men Prefer Blondes? The Influence of Hair Color on the Perception of Age and Attractiveness of Women," *Studia Psychologiczne* 44, no. 3. (2006): 77–78.

20. L. Van der Berghe and P. Frost, "Skin Color Preference, Sexual Dimorphism and Sexual Selection: A Case of Gene Co-Evolution," *Ethnic and Racial Studies* 9 (1986): 87–113.

21. Verlin Hinsz, David Matz, and Rebecca Patience, "Does Women's

Hair Signal Reproductive Potential?" *Journal of Experimental Social Psychology* 37, no. e (2001): 166–172.

22. Grazyna Jasienska, Anna Ziomkiewicz, Peter T. Ellison, Susan F. Lipson, and Inger Thune, "Large Breasts and Narrow Waists Indicate High Reproductive Potential in Women," *Proceedings of the Royal Society of Biological Sciences* 271, no. 1545 (2004): 1213–1217; Pierce J. Howard, *The Owner's Manual for the Brain: Everyday Applications from Mind-Brain Research*, 3rd ed. (Austin, TX: Bard Press, 2006).

23. Bruno Laeng, Ronny Mathisen, and Jan-Are Johnsen, "Why Do Blue-Eyed Men Prefer Women with the Same Eye Color?" *Behavioral Ecology and Sociobiology* 61, no. 3 (2007): 371–384.

24. Sprecher, Wenzel, and Harvey, *Handbook of Relationship Initiation.*

25. Helen Fisher, *Why We Love: The Nature and Chemistry of Romantic Love* (New York: Henry Holt and Company, 2004).

26. Charles Darwin, *The Descent of Man, and Selection in Relation to Sex* (New York: Addison, 1871).

27. Robert Sapolsky, *Biology and Human Behavior: The Neurological Origins of Individuality*, 2nd ed. (Chantilly, VA: The Teaching Company, 2005).

28. P. M. La Cerra, "Evolved Mate Preferences in Women: Psychological Adaptations for Assessing a Man's Willingness to Invest in Offspring," (doctoral dissertation, University of California, Santa Barbara, 1994).

29. Elaine Hatfield, "What Do Women and Men Want from Love and Sex?" In *Changing Boundaries: Gender Roles and Sexual Behavior*, edited by Elizabeth R. Allgeir and Naomi B. McCormick, 106–134 (Palo Alto, CA: Mayfield, 1982).

30. David M. Buss and Michael Barnes, "Preferences in Human Mate Selection," *Journal of Personality and Social Psychology* 50 (1989): 559–570.

31. Ibid.

32. Randy Thornhill, "The Biology of Beauty," *Newsweek,*June 2, 1996, http://www.thedailybeast.com/newsweek/1996/06/02/the-biology-of-beauty.html.

33. Steven W. Gangestad, and Randy Thornhill, "Menstrual Cycle Variation in Women's Preferences for the Scent of Symmetrical Men." *Proceedings of the Royal Society of London* 265, no. 1399 (1998): 927–933.

34. Howard, *The Owner's Manual for the Brain* .

35. Ibid.

36. Ibid.

37. Ibid.

38. Ibid.

39. Ibid.

Chapter 3

1. Joan Kellerman, James Lewis, and James Laird, "Looking and Loving: The Effects of Mutual Gaze on Feelings of Romantic Love," *Journal of Research in Personality* 23, no. 2 (1989): 145–1361.

2. Mark Cook, "Gaze and Mutual Gaze in Social Encounters," *American Scientist* 65 (1977): 328–33.

3. Zick Rubin, "Measurement of Romantic Love," *Journal of Personality and Social Psychology* 16, no. 2 (1970): 265–273.

4. Timothy Perper, *Sex Signals: The Biology of Love* (Philadelphia: ISI Press, 1985).

5. Pierce J. Howard, *The Owner's Manual for the Brain: Everyday Applications from Mind-Brain Research*, 3rd ed. (Austin, TX: Bard Press, 2006).

6.　William G. Iacono, "Forensic 'Lie Detection': Procedures without Scientific Basis," *Journal of Forensic Psychology Practice* 1, no. 1 (2001): 75–86.

7.　E. H. Hess, "Attitude and Pupil Size," *American Scientist* 212(1965): 46–54.

8.　David M. Buss and Todd K. Shackelford, "Attractive Women Want It All: Good Genes, Economic Investment, Parenting Proclivities, and Emotional Commitment," *Evolutionary Psychology* 6, no. 1 (2006): 134–146.

9.　Howard, *The Owner's Manual for the Brain*.

10.　Zeenat F. Zaidi, "Gender Differences in Human Brain: A Review,"*The Open Anatomy Journal* 2, no. 1 (2010): 37–55.

11.　Howard, *The Owner's Manual for the Brain*.

12.　Timothy Perper, *Sex Signals: The Biology of Love* (Philadelphia: ISI Press, 1985).

13.　Hugo D. Critchley, Christopher J. Mathias, and Raymond J. Dolan,"Neural Activity in The Human Brain Relating to Uncertainty and Arousal During Anticipation," *Neuron* 29, no. 2 (February 2001): 537–545.

14.　Mark Cook and Robert McHenry, *Sexual Attraction* (New York: Pergamon Press, 1978).

15.　D. P. Schmidt, and D. M. Buss, "Human Mate Poaching: Tactics and Temptations for Infiltrating Existing Mateships," *Personality and Social Psychology* 80, no. 6 (June 2001): 894–917.

16.　Eric R. Bressler and Sigal Balshine, "The Influence of Humor on Desirability," *Evolution and Human Behavior* 27, no. 1 (2006): 29–39.

17.　Schmidt and Buss, "Human Mate Poaching."

18.　Ibid.

19. P. N. Hamid, "Changes in Person Perception as a Function of Dress,"*Perceptual Motor Skills* 29, no1 (1969): 191–194.

20. Meredith L. Chivers, Michael C. Seto, and Ray Blanchard, "Gender and Sexual Orientation Differences in Sexual Response to Sexual Activities Versus Gender of Actors in Sexual Films," *Journal of Personality and Social Psychology* 93, no. 6 (2007): 1108–1121.

21. J. M. Townsend and G. D. Levy, "Effect of Potential Partner's Costume and Physical Attractiveness on Sexuality and Partner Selection," *Journal of Psychology* 124, no. 4 (1990): 371–389.

22. Chivers, Seto, and Blanchard, "Gender and Sexual Orientation Differences in Sexual Response to Sexual Activities Versus Gender of Actors in Sexual Films."

23. Howard, *The Owner's Manual for the Brain.*

24. Susan Sprecher, Amy Wenzel, and John H. Harvey, eds., *Handbook of Relationship Initiation* (New York: Psychology Press, 2008).

25. Todd K. Shackelford, David Schmitt, and David Buss, "Universal Dimensions Of Human Mate Preferences," *Personality and Individual Differences* 39 (2005): 447– 458.

26. John M. Townsend and Gary D. Levy, "Effects of Potential Partner's Physical Attractiveness and Socioeconomic Status on Sexuality and Partner Selection," *Archives of Sexual Behavior* 19, no. 2 (1990): 149–164.

27. Howard, *The Owner's Manual for the Brain: Everyday Applications from Mind-Brain Research*, 3rd ed. (Austin, TX: Bard Press 2006).

28. R. Ecochard and A. Gougeon "Side of Ovulation and Cycle Characteristics in Normally Fertile Women," *Human Reproduction* 15, no. 4 (2000): 752–755.

29. Karl Grammer, LeeAnn Renninger, and Bettina Fischer, "Disco Clothing, Female Sexual Motivation, and Relationship Status: Is She Dressed to Impress?" *Journal of Sex Research* 41, no. 1 (2004): 66–74;

Meghan Provost, Vernon Quinsey, and Nikolaus Troje, "Differences in Gait Across the Menstrual Cycle and Their Attractiveness to Men," *Archives of Sexual Behavior* 37, no. 4 (2008): 598–604.

30. M. M. Moore, "Nonverbal Courtship Patterns in Women: Context and Consequences," *Ethnology and Sociobiology* 6 (1985): 237–247.

Chapter 4

1. James R. Roney, Katherine N. Hanson, Kristina M. Durante, and Dario Maestripieri, "Reading Men's Faces: Women's Mate Attractiveness Judgments Track Men's Testosterone and Interest in Infants," *Proceedings of the Royal Society of Biological Sciences* 273, no. 1598 (September 2006): 2169–2175.

2. Julie K. Hasart, Kevin L. Hutchinson, "The Effects of Eyeglasses on Perceptions of Interpersonal Attraction," *Journal of Social Behavior and Personality* 8, no. 3 (1993): 521–528.

3. Günter J. Hitsch, Ali Hortaçsu, and Dan Ariely, "What Makes You Click?Mate Preferences and Mating Outcomes in Online Dating," University of Chicago (January 2010), http://home.uchicago. edu/~ghitsch/Hitsch-Research /Guenter_Hitsch_files/Mate-Preferences. pdf.

4. A. H. Maslow, and N. L. Mintz, "Effects of Aesthetic Surroundings,"*Journal of Psychology* 41 (1956): 247–254.

5. Harold Sigall and David Landy, "Radiating Beauty: The Effects of Having a Physically Attractive Partner on Person Perception," *Journal of Personality and Social Psychology* 28, no. 2 (1973): 218–224.

6. Hitsch, Hortaçsu, and Ariely, "What Makes You Click?"

7. Andrew J. Elliot and Daniela Niesta, "Romantic Red: Red Enhances Men's Attraction to Women," *Journal of Personality and Social Psychology* 95 (2008): 1150–1164.

8. Douglas T. Kendrick and Sara E. Gutierres, "Contrast Effects and Judgments of Physical Attractiveness: When Beauty Becomes a Social Problem," *Journal of Personality and Social Psychology* 38, no. 1 (1980): 131–140.

9. S. Gary Garwood, Lewis Cox, Valerie Kaplan, Neal Wasserman, and Jefferson L. Sulzer, "Beauty Is Only 'Name' Deep: The Effect of First-Name on Rating Physical Attraction," *Journal of Applied Social Psychology* 10, no. 5 (1980): 431–435.

10. Amy Perfors, "What's in a Name? The Effect of Sounds Symbolism on Perception of Facial Attractiveness," *Journal of Applied Social Psychology* 10, no. 5 (1980): 431–435.

11. John A. Bargh, Katelyn Y. A. McKenna, and Grainne M. Fitzsimons,"Can You See the Real Me? Activation and Expression of the 'True Self' on the Internet." *Journal of Social Issues* 58, no. 1 (2002): 34–80.

12. Edmond Rostad, *Cyrano de Bergerac*, Act 3.

Chapter 5

1. N. B. McCormick, T. Perper, and A. J. Jones, "Bar Hopping as Science: Results and Methodological Issues Related to Naturalistic Observational Research in Bars," Paper presented at the Eastern Region Conference of the Society for the Scientific Study of Sex, Philadelphia, April 1983.

2. Chris L. Kleinke, Frederick B. Meeker, and Richard A. Staneski, "Preference for Opening Lines: Comparing Ratings by Men and Women," *Sex Roles* 15, no. 11–12 (1986): 585–600.

3. C. L. Apicella, D. R. Feinbert, and F. W. Marlowe, "Voice Pitch Predicts Reproductive Success in Male Hunter-Gatherers," *Biology Letters* 3, no.6 (2007): 682–684.

4. Jacquie D. Vorauer, Jessica J. Cameron, John G. Holmes, and Deanna G. Pearce, "Invisible Overtures: Fears of Rejection and the Signal Amplification Bias," *Journal of Personality and Social Psychology* 84, no. 4 (April 2003): 793–812.

5. Timothy Perper, *Sex Signals: The Biology of Love* (Philadelphia: ISI Press, 1985).

6. Debra G. Walsh and Jay Hewitt, "Giving Men the Come-On: Effect of Eye Contact and Smiling in a Bar Environment," *Perceptual and Motor Skills* 61, no. 3, pt. 1 (1985): 873–874.

7. Michael R. Cunningham, "Reactions to Heterosexual Opening Gambits: Female Selectiveness and Male Responsiveness," *Personality and Social Psychology Bulletin* 15, no.1 (March 1989): 27–41.

8. Susan Young, "Brain Chip Helps Quadriplegics Move Robotic Arms with Their Thoughts," *Technology Review*, May 16, 2002, http://www.technologyreview.com/news/427939/brain-chip-helps-quadriplegics-move -robotic-arms/.

9. Morgan Worthy, Albert L. Gary, and Gay M. Kahn, "Self-Disclosure as an Exchange Process," *Journal of Personality and Social Psychology* 13, no. 1 (1969): 59–63.

10. Jean-Phillippe Laurenceau, Lisa Feldman Barrett, and Paula R. Pietromonaco, "Intimacy as an Interpersonal Process. The Importance of Self Disclosure, Partner Disclosure, and Perceived Partner Responsiveness in Interpersonal Exchanges," *Journal of Personality and Social Psychology* 74, no. 5 (1989): 1239–1251.

11. Conor Dougherty, "Young Women's Pay Exceeds Male Peers'," *Wall Street Journal*, September 1, 2010, http://online.wsj.com/article/SB1000 14240527487044211045754637907708 31192.html.

12. Brenda Major, Patricia I. Carrington, and Peter J. D. Carnevale, "Physical Attractiveness and Self Esteem: Attributions for Praise from an Other Sex Evaluator," *Personality and Social Psychology Bulletin* 10, no. 1 (1984): 43–50.

13. David M. Buss and Michael Barnes, "Preferences in Human Mate Selection," *Journal of Personality and Social Psychology* 50 (1989): 559–570.

14. David R. Shaffer and Linda J. Pegalis, "Gender Role Orientation and Prospect of Future Interaction as Determinants of Self-Disclosure," *Personality and Social Psychology Bulletin* 22, no. 5 (May 1996): 495–506.

15. Dennis P. Carmody and Michael Lewis, "Brain Activation When Hearing One's Own and Others' Names," *Brain Research* 1116, no. 1 (October 20, 2006): 153–158.

Chapter 6

1. D. G. Dutton, and A. P. Aron, "Some Evidence for Heightened Sexual Attraction under Conditions of High Anxiety," Journal of *Personality and Social Psychology* 30, no. 4 (1974): 510–517.

2. Richard Driscoll, Keith E. Davis, and Milton E. Lipetz, "Parental Interference and Romantic Love: The Romeo and Juliet Effect," *Journal of Personality and Social Psychology* 24, no. 1 (1972): 1–10.

3. Dolf Zillmann, "Transfer of Excitation in Emotional Behavior," in *Social Psychophysiology: A Sourcebook*, edited by John T. Cacioppo and Richard E. Petty, 215–240 (New York: Guilford Press, 1983).

4. Richard Bandler and John Grinder, *Frogs into Princes: Neuro Linguistic Programming* (Moab, UT: Real People Press, 1979).

5. A. H. Maslow and N. L. Mintz, "Effects of Aesthetic Surroundings," *Journal of Psychology* 41 (1956): 247–254.

6. Shelly E. Taylor, Laura Cousino Klien, Brian P. Lewis, Tara L. Gruenewald, Regan A. R. Gurung, and John A Updegraff, "Biobehavioral Responses to Stress in Females: Tend-and-Befriend, Not Fight-or-Flight," *Psychological Review* 107, no. 3 (2000): 411–429.

7.　Deborah Tannen, *You Just Don't Understand: Women and Men in Conversation* (New York: William Morrow, 1990).

8.　Audrey Nelson, " The Strong Silent Type: The Male Advantage," *Psychology Today*, April 23, 2011, http://www.psychologytoday.com/blog/he-speaks-she-speaks/201104/the-strong-silent-type-the-male-advantage.

9.　Azim Eiman and Dean Mobbs, Booil Jo, Vinod Menon, Allan L. Reiss,"Sex Differences in Brain Activation Elicited by Humor," *Proceedings of the National Academy of Sciences* 102, no. 45 (November 8, 2005): 16496– 16501.

10.　Willow Lawson, "Humor's Sexual Side," *Psychology Today*, September 1, 2005, http://www.psychologytoday.com/articles/200508/humors-sexual -side.

11.　Eric R. Bressler and Sigal Balshine, "The Influence of Humor on Desirability," Evolution and Human Behavior 27, no. 1 (2006): 29–39.

Chapter 7

1.　Daniel G. Amen, Daniel G., M. D., Sex on the Brain: 12 Lessons to Enhance Your Love Life. 2008. (New York: Crown Publishing, Harmony, 2008).

2.　Ibid.

3.　José L. Tlachi-López, José R. Eguibar, Alonso Fernández-Guasti, Rosa Angélica Lucio, "Copulation and Ejaculation in Male Rats Under Sexual Satiety and the Coolidge Effect," *Physiology and Behavior* 106, no. 5 (July 2012): 626–630.

4　Ibid.

5.　Gordon Bermant and Juan M. Davidson, *Biological Bases of Sexual Behavior* (New York: Harper and Row, 1974).

6.　Gary Stix, "Only Epilepsy Brings More Activity to Women's

Brains Than Does 'Self-Stimulation' to Orgasm," *Scientific American*, November 15, 2011, http://blogs.scientificamerican.com/observations/2011/11/15/only-epilepsy-brings-more-activity-to-womens-brains-than-does-self-stimulation-to-orgasm/.

7. Helen Fisher, *Why We Love: The Nature and Chemistry of Romantic Love* (New York: Henry Holt and Company, 2004).

8. Ibid.

9. M. Kosfeld, M. Heinrichs, P. J. Zak, U. Fischbacher, and others. Fehr,"Oxy tocin Increases Trust in Humans," *Nature* 435, no. 7042 (June 2, 2005): 673–676.

10. Ibid.

11. Pamela C. Regan and Ellen Berscheid, *Love and Lust: What We Know about Human Sexual Desire* (Thousand Oaks, CA: Sage Publications, 1999).

12. Deborah Blum, *Sex on the Brain: The Biological Differences Between Men and Women* (New York: Penguin Books, 1998).

13. Anne Moir and David Jessel, *Brain Sex: The Real Difference Between Men and Women* (New York: Dell Publishing, 1991)

14. Louann Brizendine, *The Female Brain* (New York: Broadway Books, 2006).

15. Pierce J. Howard, *The Owner's Manual for the Brain: Everyday Applications from Mind-Brain Research*, 3rd ed. (Austin, TX: Bard Press, 2006).

16. R. L. Doty, S. Applebaum, H. Zusho and R. G. Settle, "Sex Differences in Odor Identification Ability," *Neuropsychologia* 23, no. 5 (1985): 667–672.

17. G. Holstege, J. R. Georgiadis, A. M Paans, L. C. Meiners and F. H. van der Graaf, "Brain Activation During Human Male Ejaculation," *Journal of Neuroscience* 23, no. 27 (October 8, 2003): 9158–9193.

18. Meredith L. Chivers, Michael C. Seto, and Ray Blanchard, "Gender and

Sexual Orientation Differences in Sexual Response to Sexual Activities Versus Gender of Actors in Sexual Films," *Journal of Personality and Social Psychology* 93, no. 6 (2007): 1108–1121.

19. B. A. Shaywitz, Sally E. Shaywitz, Kenneth R. Pugh, R. T. Constanble,and P. Skudlarski, "Sex Differences in the Functional Organization of the Brain for Language," *Nature* 373, no. 6515 (February 16, 1995): 607–609.

20. Brizendine, *The Female Brain.*

21. Roy Levin, and Cindy Meston, "Nipple/Breast Stimulation and Sexual Arousal in Young Men and Women," *Journal of Sexual Medicine* 3, no.3 (2006): 450–454.

22. Ellis and Symons, "Sex Differences in Sexual Fantasy."

23. Brizendine, *The Female Brain.*

24. V. Apanius, D. Penn, P. R. Slev, L. R. Ruff, and W. K. Potts, "The Nature of Selection on the Major Histocompatibility Complex," *Critical Reviews in Immunology* 17, no. 2 (1997): 179–224.

25. M. Milinski, "The Major Histocompatibility Complex: Sexual Selection and Mate Choice," *Annual Review of Ecology, Evolution, and Systematics* 37 (2006): 159–186.

26. Claus Wedekind, Thomas Seebeck, Florence Bettens, and Alexander J.Paepke, "MHC-Dependent Mate Preferences in Humans," *Proceedings of the Royal Society of London: Biological Sciences* 260, no. 1359 (June 22, 1995): 245–249.

27. Helen E. Fisher, "The Biology of Attraction," *Psychology Today*, April 1, 1993, http://www.psychologytoday.com/articles/199303/the-biology -attraction.

28. "Bizarre Animal Mating Rituals," Virgin Media, http://www.virginmedia. com/digital/features/bizarre-animal-mating-rituals.php?ssid=9.

29. John Tierney, "The Threatening Scent of Fertile Women," *New York Times*, February 21, 2011, http://www.nytimes.com/2011/02/22/ science/22 tier.html.

30. S. C. Roberts, L. M. Gosling, V. Carter, and M. Petrie, "MHC-Correlated Odor Preferences in Humans and the Use of Oral Contraceptives," *Proceedings of the Royal Society of Biological Sciences* 275, no. 1652 (December 7, 2008): 2715–2722.

Chapter 8

1. John Gray, *Men Are from Mars, Women Are from Venus: A Practical Guide for Improving Communication and Getting What You Want in Your Relationships* (New York: Harper Collins, 1993).

2. Pierce J. Howard, *The Owner's Manual for the Brain: Everyday Applications from Mind-Brain Research*, 3rd ed. (Austin, TX: Bard Press, 2006).

3. Ibid.

4. Joseph Rhawn, *NeuroTheology: Brain, Science, Spirituality, Religious Experience* (San Jose, CA: University Press, 2003). Italics added.

5. Zeenat F. Zaidi, "Gender Differences in Human Brain: A Review," *The Open Anatomy Journal* 2 (2010): 37–55.

6. Deborah Tannen, *You Just Don't Understand: Women and Men in Conversation* (New York: William Morrow, 1990).

7. Zaidi, "Gender Differences in Human Brain."

8. Paul Ekman, *Emotions Revealed: Recognizing Faces and Feelings to Improve Communication and Emotional Life*, 2nd ed. (New York: Henry Holt and Co., 2007).

9. Ibid.

10. Howard, *The Owner's Manual for the Brain.*

11. Louann Brizendine, *The Male Brain* (New York: Broadway Books, 2010).

12. Howard, *The Owner's Manual for the Brain.*

Chapter 9

1. Susan S. Hendrick and Clyde Hendrick, "Gender Differences and Similarities in Sex and Love," *Personal Relationships* 2 (1995): 55–65.

2. Donn Byrne, "Interpersonal Attraction and Attitude Similarity," *Journal of Abnormal Social Psychology* 62 (May 1961): 713–715.

3. Theodore M. Newcomb, *The Acquaintance Process* (New York: Holt, Rinehart and Wilson, 1961).

4. Byrne, Interpersonal Attraction and Attitude Similarity.

5. John Mordechai Gottman and Nan Silver, *Why Marriages Succeed or Fail* (New York: Simon and Schuster, 1994).

6. G. J. Fletcher, J. A. Simpson, G. Thomas, and L. Giles, "Ideals in Intimate Relationships," *Journal of Personality and Social Psychology* 76, no. 1 (1999): 72–89.

7. John W. Thibaut and Harold H. Kellel, *The Social Psychology of Groups* (New York: Wiley, 1959).

8. Mario Mikulincer and Gail S. Goodman, eds., *Dynamics of Romantic Love: Attachment, Caregiving, and Sex* (New York: Guilford Press, 2006).

9. A. Aron, E. N. Aron, and C. Norman, "The Self Expansion Model of Motivation and Cognition in Close Relationships and Beyond," In *Blackwell Handbook in Social Psychology, vol. 2: Interpersonal Processes*, edited by M. Clark and G. Fletcher, 478–501 (Oxford: Blackwell, 2001).

10. Tara Parker-Pope, "The Happy Marriage Is the 'Me' Marriage," *New York Times*, December 31, 2010, http://www.nytimes.com/2011/01/02/week inreview/02parkerpope.html.

11. Jay Belsky, Laurence Steinberg, and Patricia Draper, "Childhood Experience, Interpersonal Development, and Reproductive Strategy: An Evolutionary Theory of Socialization," *Child Development* 62, no. 4 (1991): 647–670.

12.   Ibid.

13.   Pedro M. Pereyra, Weixian Zhang, and Matthias Schmidt, and Laurence
      E. Becker, "Development of Myelinated and Unmyelinated Fibers of
      Human Vagus Nerve During the First Year of Life," *Journal of the
      Neurological Sciences* 110, no. 1–2 (July 1992): 107–113.

14.   J. N. Giedd, "Structural Magnetic Resonance Imaging of the Adolescent
      Brain," *Annals of the New York Academy of Sciences* 1021 (June 2004):
      77–85.

15.   H. E. Fisher, A. Aron, D. Mashek, H. Li, and L. L. Brown, "Defining the
      Brain Systems of Lust, Romantic Attraction, and Attachment," *Archives
      of Sexual Behavior* 31, no. 5 (2002): 413–419. Italics added.

Chapter 10

1.   "The Fair Youth of the Shakespeare Sonnets," The Monument:
      Shakespeare's Sonnets, http://www.shakespearesmonument.com/
      page10.html.

2.   Louis de Bernières, *Corelli's Mandolin* (New York: Vintage Books,
      1994).

3.   Sadie Leder, "From Bride to Blues: Examining the Prevalence of Post-
      Nuptial Depression," Science of Relationships,http://www.scienceof
      relationships.com/home/2012/7/16/from-bride-to-blues-examining-the-
      prevalence-of-post-nuptial.html.

4.   D. Marazziti and D. Canale,"Hormonal Changes When Falling in
      Love," *Psychoneuroendocrinology* 29, no. 7 (August 2004): 931–936.

5.   Robert Browning, "Grow Old Along with Me."

6.   Thomas T. Insel and C. Sue Carter, "The Monogamous Brain," *Natural
      History* 104, no. 8 (1995): 12–14; Mary M. Cho, A. Courtney DeVries,
      Jessie R. Williams, and C. Sue Carter, "The Effects of Oxytocin and
      Vasopressin on Partner Preferences in Male and Female Prairie Voles,"

Behavioral Neuroscience 113, no. 5 (1999): 1071–1079.

7. Ibid.

8. Ibid.

9. James T. Winslow, Nick Hastings, C. Sue Carter, Carroll R. Harbaugh,and Thomas R. Insel, "A Role for Central Vasopressin in Pair Bonding in Monogamous Prairie Voles," *Letters to Nature*, http:// research.yerkes.emory.edu/Young/Getz/1993%20Winslow%20N.pdf.

10. Thomas R. Insel, and Lawrence E. Shapiroirie, "Oxytocin Receptor Distribution Reflects Social Organization in Monogamous and Polygamous Voles," *Proceedings of the National Academy of Sciences* 89, no. 13 (1992): 5981–5985.

11. Phyllis K. Davis, *The Power of Touch: The Basis for Survival, Health, Intimacy, and Emotional Well-Being* (Carlsbad, CA: Hay House, 1999).

12. Allan Pease and Barbara Pease, The Definitive Book of Body Language (New York: Bantam Books, 2006); James. E. Sheridan, "Marriage Advice: Touch Is a Key to a Truly Good Marriage," *News Sentinel*, October 25, 2011, http://www.news-sentinel.com/apps/pbcs.dll/ article?AID=/20111025/NEWS01/310269994.

13. Diane Ackerman, "The Brain on Love," *New York Times*, March 24, 2012, http://opinionator.blogs.nytimes.com/2012/03/24/the-brain-on-love/.

14. Michael W. Kraus, Cassy Huang, and Dacher Keltner, "Tactile Communication, Cooperation, and Performance: An Ethological Study of the NBA," http://socrates.berkeley.edu/~keltner/publications/kraus. huang.keltner. 2010.pdf.

15. G. Strong and A. Aron, "The Effect of Shared Participation in Novel and Challenging Activities on Experienced Relationship Quality: Is It Mediated by High Positive Affect?" In *Self and Relationships: Connecting Intrapersonal and Interpersonal Processes*, edited by Kathleen D. Vohs and Eli J. Finkel, 342–359 (New York: Guilford Press, 2006).

16. Robert R. Provine, "Laughter," *American Scientist* 84, no. 1 (January–February 1996): 38–47.

17. Rod A. Martin, *The Psychology of Humor: An Integrative Approach* (Waltham, MA: Elsevier Academic Press, 2006).

18. Elaine Walster and Ellen Berscheid, "Adrenaline Makes the Heart Grow Fonder," *Psychology Today*, June 1971, 47–62; David M. Buss, *The Dangerous Passion: Why Jealousy Is as Necessary as Love and Sex* (New York: Free Press, 2000).

19. Lee T. Gettler, Thomas W. McDade, Alan B. Feranil and Christopher W. Kuzawa, "Longitudinal Evidence That Fatherhood Decreases Testosterone in Human Males," *Proceedings of the National Academy of Sciences of the United States of America*, http://www.pnas.org/content/early/2011/09/02/1105403108.full.pdf+html.

20. Sandra J. Berg and Katherine E. Wynne-Edwards, "Changes in Testosterone, Cortisol, and Estradiol Levels in Men Becoming Fathers," *Mayo Clinic Proceedings* 76, no. 6 (2001): 582–592.

21. Helen Fisher, *Why We Love: The Nature and Chemistry of Romantic Love* (New York: Henry Holt and Company, 2004).

22. G. S. Berns, S. M. McClure, G. Pagnoni, and P. R. Montague, "Predictability Modulates Human Brain Response to Reward," *Journal of Neuroscience* 21, no. 8 (April 2001): 2793–2798.

23. Bianca P. Acevedo and Arthur Aron, "Does a Long-Term Relationship Kill Romantic Love?" *Review of General Psychology* 13, no. 1 (2009): 59–65.

24. Wibke Blaicher, Doris Gruber, Christian Bieglmayer, Alex M. Blaicher,and Wolfgang Knogler, "The Role of Oxytocin in Relation to Female Sexual Arousal," *Gynecologic and Obstetric Investigation* 47, no. 2 (1999): 125–126.

25. "Ambergris, aka Floating Gold," squidoo, http://www.squidoo.com/ambergrease.

26. Louann Brizendine, *The Male Brain* (New York: Broadway Books, 2010).

27. Simon LeVay, *The Sexual Brain* (Cambridge, MA: MIT Press, 1994).

28. M. Kosfeld, M. Heinrichs, P. J. Zak, U. Fischbacher, and others. Fehr,"Oxytocin Increases Trust in Humans," *Nature* 435, no. 7042 (June 2, 2005): 673–676.

29. Paula Tucker and Arthur Aron, "Passionate Love and Marital Satisfaction at Key Transition Points in the Family Life Cycle," *Journal of Social and Clinical Psychology* 12, no. 2 (1993): 135–147.

30. Howard, *The Owner's Manual for the Brain*.

31. Fisher, *Why We Love*.

图书在版编目(CIP)数据

如何让你爱的人爱上你. 3 / (美) 莉尔·朗兹著；
张淼译. -- 北京：中国致公出版社，2023

书名原文：HOW TO CREATE CHEMISTRY WITH ANYONE:
75 WAYS TO SPARK IT FAST . . . AND MAKE IT LAST

ISBN 978-7-5145-1895-5

Ⅰ. ①如… Ⅱ. ①莉… ②张… Ⅲ. ①恋爱心理学 –
通俗读物 Ⅳ. ①C913.1-49

中国版本图书馆CIP数据核字(2021)第248578号

著作权合同登记图字：01-2022-4680号

如何让你爱的人爱上你 3 / [美]莉尔·朗兹 著 张淼 译
RUHE RANG NI AI DE REN AI SHANG NI 3

出　　版	中国致公出版社	
	（北京市朝阳区八里庄西里 100 号住邦 2000 大厦 1 号楼西区 21 层）	
发　　行	中国致公出版社（010-66121708）	
责任编辑	程　英	
监　　制	黄　利　万　夏	
特约编辑	曹莉丽　张久越　胡　杨	
营销支持	曹莉丽	
版权支持	王秀荣	
责任校对	魏志军	
装帧设计	紫图装帧	
责任印制	邢雪莲	
印　　刷	艺堂印刷（天津）有限公司	
版　　次	2023 年 3 月第 1 版	
印　　次	2023 年 3 月第 1 次印刷	
开　　本	880 毫米 ×1230 毫米　1/32	
印　　张	9.25	
字　　数	190 千字	
书　　号	ISBN 978-7-5145-1895-5	
定　　价	55.00 元	